EDUARD ARNHOLD
(1849–1925)

JÜDISCHE MINIATUREN
Herausgegeben von Hermann Simon

Band 237 EDUARD ARNHOLD

Alle »Jüdische Miniaturen« sind auch im Abonnement beim Verlag erhältlich.

Die Deutsche Nationalbibliothek verzeichnet diese Publikation in der Deutschen Nationalbibliografie; detaillierte Daten sind im Internet über https://portal.dnb.de/ abrufbar.

Inh. Dr. Nora Pester
Haus des Buches
Gerichtsweg 28
04103 Leipzig
info@hentrichhentrich.de
http://www.hentrichhentrich.de

Korrektorat: Thea Mosebach
Satz: Barbara Nicol
Druck: Winterwork, Borsdorf

1. Auflage 2019

Printed in Germany
ISBN 978-3-95565-321-7

PETER VON BECKER

EDUARD ARNHOLD

REICHTUM VERPFLICHTET – UNTERNEHMER UND KUNSTMÄZEN

HENTRICH & HENTRICH

CENTRUM JUDAICUM

Umschlag vorn:
Eduard Arnhold an seinem 75. Geburtstag in Berlin,
10. Juni 1924

Meiner Großmutter Vera Martens, geborene Arnthal, die als Nichte von Eduard und Johanna Arnhold bei ihnen aufgewachsen ist und später der Verfolgung entkam. Sie hat mir so viel einst von »Onkel Edu« und »Tante Johanna« erzählt.

Inhalt

Tragik und Glück – Eine Einführung

Es ist eine denkwürdige Straßenkreuzung. Beim lauschigen Dorfteich des Örtchens Hirschfelde, knapp 30 Kilometer nordöstlich von Berlin, treffen die Eduard-Arnhold-Straße und die Ernst-Thälmann-Straße aufeinander, an der Wegmündung berühren die beiden Straßenschilder sich fast. Der eine Namenspatron war einst Vorsitzender der Kommunistischen Partei Deutschlands, er wurde von den Nationalsozialisten 1933 verhaftet und nach über einem Jahrzehnt Einzelhaft im Sommer 1944, vermutlich auf Hitlers direkten Befehl, im Konzentrationslager Buchenwald erschossen. Der andere, Eduard Arnhold: ein freigeistiger Konservativer jüdischer Herkunft, Kohlehändler, Selfmademan, Berliner Wirtschaftsmagnat, im Kaiserreich und noch in der Weimarer Republik einer der reichsten, dabei auch einflussreichsten Männer des Landes; zudem ein sozialer Philanthrop, Förderer der Wissenschaften und Kunstmäzen sondergleichen.

Berlins Rothschild oder Carnegie – und der Kommunist!?

Der Name Thälmann gehört in Hirschfelde im brandenburgischen Landkreis Barnim noch zum Erbe der verblichenen DDR, während die frühere »Dorfstraße« dort erst seit einigen Jahren an Eduard Arnhold erinnert. Dieser hätte mit seiner Weltoffenheit über eine solch späte symbolische Begegnung wohl gelächelt. Immerhin führt Eduard Arnholds Lebensspur tatsächlich in das kleine märkische Dorf, benannt nach einem preußischen Rittergut, das er neben seinen Villen in Berlin-Tiergarten und am Wannsee 1904 als nahen Landsitz erworben und gleichermaßen zu einem Mustergut (auf dem die Kühe vor dem Melken gebadet wurden) wie zu einem Kulturort entwickelt hatte: mit großem Park, wertvollen Skulpturen und einem eigenen Naturtheater.

Noch eine Kreuzung, diesmal von zwei Lebenswegen, die auf ganz unheimliche Weise bezeichnend sind für die deutsche Geschichte: Im Jahr 1932/33 arbeiten zwei jüngere Künstler buchstäblich Wand an Wand in ihren kleinen, feinen Atelierhäusern im Park der römischen Villa Massimo. Sie heißen Arno Breker und Felix Nussbaum und begegnen sich über Monate wohl tagtäglich, denn beide sind Stipendiaten der von Eduard Arnhold kurz vor dem Ersten Weltkrieg in Rom erbauten, von ihm 1913 dem preußischen, später deutschen Staat gestifteten Villa. Sie ist als Accademia Tedesca (Deutsche Akademie), so ihre offizielle Bezeichnung, bis heute die renommierteste deutsche Künstlerresidenz im Ausland.

Arno Breker, der sich ehedem in Paris an Auguste Rodin und Aristide Maillol orientiert hatte und in

Berlin 1935 am Pariser Platz noch dem toten jüdischen Maler Max Liebermann – dessen größter Sammler und Förderer Eduard Arnhold war – die Totenmaske abnimmt, wird kurz darauf zum prominentesten Bildhauer des »Dritten Reichs«. Er ist ein Liebling Adolf Hitlers, dessen heroische Büste er 1938 modelliert. Dagegen muss Brekers römischer Nachbar Felix Nussbaum als jüdischer Künstler ab 1933 im Exil leben, erst in Italien und Frankreich, schließlich in Belgien. Er entkommt während des Krieges zunächst einer Lagerhaft, doch im Juni 1944 wird das untergetauchte Malerehepaar Felka und Felix Nussbaum in Brüssel denunziert und mit dem offenbar letzten Deportationszug aus Belgien nach Auschwitz-Birkenau gebracht, wo sie beide, vermutlich im Herbst '44, ermordet wurden.
Nussbaums bekannteste Gemälde sind von 1931 »Der tolle Pariser Platz«, auf dem vorm Brandenburger Tor die Akademie der Künste mit ihrem Präsidenten Max Liebermann ironisiert wird (heute in der Berlinischen Galerie) – und das letzte große Werk von 1944: »Triumph des Todes«, ein apokalyptischer Tanz der Gerippe. Das Bild ist in dem von Daniel Libeskind entworfenen Nussbaum-Haus in Osnabrück, dem Geburtsort des Künstlers, zu sehen.
Von Arno Breker, der auch nach dem Krieg als Auftragskünstler von Prominenten und Institutionen wei-

ter erfolgreich war, stammen aus seinen späteren Jahren Büsten von Konrad Adenauer, Salvador Dalí, dem Deutschbanker Hermann Josef Abs – oder dem von den Nazis in der deutschen Literatur zwölf Jahre lang ausgelöschten Heinrich Heine. Zur tieferen Erinnerung steht dagegen im Foyer des Deutschen Historischen Museums in Berlin die Kopie einer anderen Bronze: »Die Wehrmacht«, eine der beiden Monumentalfiguren, mit denen Breker 1939 das Portal von Hitlers Neuer Reichskanzlei flankierte.
Breker und Nussbaum. Und noch eine dritte symbolische, nein: nicht Begegnung oder Kreuzung, aber doch Kontrastierung zweier deutscher Biografien. Eduard Arnhold hat ja die Tragödie ab 1933 nicht mehr erlebt. Er ist mit 76 Jahren im August 1925 beim Spaziergang auf einer Wiese nahe seinem 1915 erworbenen bayerischen Feriendomizil, dem Dürnbachhof in Neuhaus am Schliersee, ganz allein für sich und offenbar friedlich einem Herzschlag erlegen. Im Mai 1945, zwanzig Jahre später, wird eben dort in der Nachbarschaft Hans Frank von der US Army verhaftet. Frank war als Generalgouverneur im besetzten Polen neben der SS von Heinrich Himmler der Oberherrscher über die Hölle des Holocausts, über die Ghettos und Todeslager. Vor Kriegsende hatte der ein Jahr später in Nürnberg als einer der Hauptkriegsverbrecher hingerichtete Frank in seinem unweit von

Arnholds Haus gelegenen »Schoberhof« noch Teile seiner in Polen geraubten Kunstschätze zusammengerafft. Unter ihnen Werke von Leonardo da Vinci, Rembrandt und Rubens.
Hätten Eduard Arnhold und seine aus der Hamburger Familie Arnthal stammende Frau Johanna den Naziterror noch erlebt, sie hätten beide zu den Opfern in Franks Herrschaftsbereich zählen können. Dort der Massenmörder und Kunsträuber, hier der Sterbeort des Kunstförderers, Sammlers und Mäzens, dessen kostbare Kollektion vornehmlich symbolistischer und impressionistischer Gemälde nach seinem Tod infolge Diktatur und Krieg zerstreut oder zu erheblichen Teilen verloren gegangen ist. Eduard Arnholds nähere Verwandten und Nachfahren haben zumeist im Exil überlebt, doch wir wissen nicht von allen. Nicht von allen Opfern. Mitglieder aus Johannas jüdischer Familie konnten bis 1939 gleichfalls emigrieren, andere endeten in Polen in den NS-Vernichtungslagern.
Begraben sind Eduard und seine 1929 gestorbene Ehefrau Johanna Arnhold auf dem Alten Friedhof in Berlin-Wannsee. Kaum mehr als einen Kilometer entfernt liegt dort jene Villa, in der bei einer Konferenz Anfang 1942 am Wannsee die organisatorische »Endlösung der Judenfrage« beschlossen wurde. Als systematische Perfektion der längst begonnenen Ermordung der Juden Europas.

Auch vor diesem zeitlich näheren Hintergrund ist Eduard Arnholds vor allem im Kaiserreich und in der Weimarer Republik handelnde Geschichte zu erzählen. Die Geschichte eines erstaunlichen, leuchtenden Lebens, in das die Vorschatten der nicht mehr fernen, für den Optimisten und Humanisten Eduard Arnhold indes unvorstellbaren Katastrophe noch wenig merkbar fielen. Als Arnhold am 10. August 1925 in der oberbayrischen Idylle stirbt, hatte gerade drei Wochen zuvor ein gescheiterter Kunstmaler im nahen München den ersten Band eines Buchs herausgebracht, das den Titel »Mein Kampf« trug.
Nach Arnholds Tod hat sich in seinem Berliner Schreibtisch eine persönliche Aufzeichnung mit Gedanken zum Beruf des Kaufmanns und damit zur eigenen Berufung gefunden. Die Notizen werden in dem von Johanna Arnhold im Jahr 1928 in Berlin als Privatdruck herausgegebenen »Gedenkbuch. Eduard Arnhold« gleich zu Beginn wiedergegeben. Arnhold zitiert dabei den Schluss von Friedrich Schillers Gedicht »Der Kaufmann«: »Euch, ihr Götter, gehört der Kaufmann. Güter zu suchen / Geht er, doch an sein Schiff knüpfet das Gute sich an.«
Aus Schillers Versen folgert Arnold für sich: »Sonach ist der Kaufmann nicht etwa nur der Agent des Warenverkehrs, sondern, und in der Hauptsache, der Vermittler fruchtbarer kultureller Ideen und ein aus-

schlaggebender Faktor für den ethischen Fortschritt der Menschheit.«

Das klingt für heutige Augen und Ohren, zumal mit den Erfahrungen des globalisierten Kapitalismus, nach viel idealistischem Pathos. Allerdings hat dieses Credo nicht nur der durch die Vermarktung von Bodenschätzen reich gewordene Kunstmäzen und soziale Philanthrop formuliert, sondern einer der erfolgreichsten Magnaten auch des industriellen, technischen Fortschritts seiner Zeit. Ein Entwickler des Güter- und Personenverkehrs auf Straßen, Wasser und Schienen, leitend tätig in den Aufsichtsräten der großen Energie- und Bahnkonzerne, ein Herr über eigene Schiffe, Unterstützer auch der neuen Luftschiffe des Grafen Zeppelin oder Mitbegründer, Finanzier und Senator der Wissenschaft und Technik durch Spitzenforschung fördernden Kaiser-Wilhelm-Gesellschaft, der heutigen Max-Planck-Gesellschaft.

Insofern war der Multimillionär Eduard Arnhold gewiss ein ideeller, vermutlich sogar idealer Kapitalist. Reich, weil erfolgreich weit über die Ökonomie hinaus. Seine Güter ein Plural des Guten. Die von ihm zitierten Schiller'schen Götter waren hier nicht mehr die neidischen der Antike, die der Mensch besser nicht versuchen sollte. Der kulturbewusste, damit auch seiner jüdischen Kultur jederzeit bewusste und zugleich so interkonfessionell wie säkular gesinnte

Unternehmer Arnhold hatte den frühesten Akzent seiner einst legendären Kunstsammlung 1883 mit dem Kauf von Arnold Böcklins Gemälde »Prometheus« gesetzt. Eine Hommage an den göttlichen Feuerdieb, der den Menschen die Energie und Wärme als Grundlage allen Fortschritts brachte.
Prometheus hat seine kühne Tat im Mythos furchtbar büßen müssen. Eduard Arnhold dagegen ist im Leben viel, fast unheimlich viel gelungen. Trotz der Plötzlichkeit seines Todes, aus buchstäblich heiterem Sommerabendhimmel, hat Arnholds Lebensweg etwas von einem hohen, in der Rundung vollendeten Bogen. Es geht, das gibt es ja doch, um die Geschichte eines menschlichen und historischen Glücksfalls.

Auf Holz geklopft – Familiäre Herkunft und Beginn einer Karriere

»Der Berliner ist meist aus Posen oder Breslau und hat keine Zeit«, schreibt Kurt Tucholsky im Juli 1919 im *Berliner Tagblatt*.[1] Eduard Arnhold kommt aus Dessau, aber die Grundlage seiner Berliner Geschäfte sind die Steinkohlegruben in Oberschlesien. Tucholsky hat also auch hier – fast recht. Außerdem gehörte zu Arnholds Lieblingssprüchen mit dem ihm eigenen Wortwitz der Satz: »Ich habe keine Zeit, unpünktlich zu sein.«[2]

Eduards Vater Adolph Arnhold (1808–1876) war in Dessau zur Mitte des 19. Jahrhunderts ein Mitglied des in religiös zeremoniellen Fragen wie im bildungsbürgerlichen Selbstbewusstsein aufklärerischen Reformjudentums. Selbst aktives Mitglied der niedergeschlagenen Revolutionsbewegung von 1848/49 und kurzzeitig im damaligen Herzogtum Anhalt-Dessau sogar zum bürgerlichen Minister ernannt, zeigte der promovierte Mediziner Adolph Arnold jedoch, ganz anders als später seine drei Söhne, keine besondere ökonomische Begabung. Er war mehr ein politisch, kulturell und sozial engagierter Intellektueller. Seit seiner Berliner Studentenzeit Anfang der 1830er Jahre blieb er als Arzt noch Mitglied jener Literatenvereinigung »Tunnel über der Spree«, der später auch Theodor Fontane angehörte. Wie der Berliner Historiker Michael Dorrmann in seiner 2002 erschienenen kultur- und wirtschaftswissenschaftlichen Studie über den Unternehmer und Mäzen Eduard Arnhold schreibt, trug Vater Adolphs einziger überlieferter Beitrag zum »Tunnel über der Spree« ausgerechnet den Titel »Todesseufzer«. Es sei freilich, bar jeder dunkeln Romantik, ein Stück eher derb-humorvoller Poesie gewesen, die auf den eigenen medizinisch-pathologischen Erfahrungen »beim Sezieren des menschlichen Herzens« beruhte.[3]
In Dessau, das damals knapp 10 000 Einwohner zählte, wirkte Vater Arnhold als Gemeinde- und Armenarzt

der jüdischen Gemeinschaft. Anders als in Preußen erhielten die Juden im Herzogtum Anhalt-Dessau erst 1848 das Bürgerrecht, hierauf wurde Adolph in den Dessauer Stadtrat gewählt und arbeitete unter anderem in der Kommission für das dortige Armenwesen. Mit seiner Frau Mathilde (Mädchenname Cohn, 1826–1905), einer gebürtigen Berlinerin, von der ihr Sohn Eduard das heitere Wesen und den buchstäblichen Mutterwitz geerbt haben soll, zog Adolph Arnhold samt den noch im Haus verbliebenen Kindern 1864 nach Berlin. Dort eröffnete er am Molkenmarkt in Mitte in seinem letzten Lebensjahrzehnt eine der öffentlichen Bildung dienende Leihbücherei. Zur gleichen Zeit machte der zweitälteste Sohn Eduard als gerade 25-Jähriger in Berlin bereits Karriere und konnte so der karg bemittelten Familie finanziell unter die Arme greifen.

Eduard ist bei seiner Geburt 1849, in den Nachwehen der 48er Revolte, das vierte der insgesamt acht Kinder von Adolph und Mathilde. Der 1846 geborene Bruder Felix ist an einer Komplikation infolge der Beschneidung gestorben (was den Vater zu einer medizinischen Reformschrift veranlasst), ein späterer Bruder, Gustav, wird schon kurz nach dem Verlassen des Gymnasiums in Berlin sterben, nur die beiden Brüder Max, der Älteste, und Georg sowie die drei Schwestern Ida, Margarethe und Anna bleiben.

Einzig für Georg und Gustav Arnhold können die Eltern das Geld fürs Gymnasium und ein geplantes Studium aufbringen. Für die älteren Söhne Max und Eduard ist der Schulbesuch nur bis zur Mittleren Reife möglich, dann treten beide Lehren an. Die Töchter heiraten Berliner Kaufleute. Und Max, der eine Banklehre absolviert, sowie Georg, der das Gymnasium vor dem Abitur abbricht, tun sich 1875 zusammen und betreiben in Dresden das Bankhaus Gebrüder Arnhold. Im prosperierenden Kaiserreich reüssiert ihr Institut mit seinen zunehmend potenten Unternehmenskunden. So eröffnen die Brüder 1907 auch eine Dependance in Berlin. Doch schon im Folgejahr stirbt Max Arnhold, und Georg führt das Unternehmen weiter. Georg Arnhold ist neben seinen zahlreichen wirtschaftlichen und kulturmäzenatischen Engagements überzeugter Pazifist und Förderer der Esperanto-Bewegung, 1925, ein Jahr vor seinem Tod, wird er noch Ehrensenator der Technischen Universität Dresden.
Zu dieser Zeit hat er bereits seinen vier Söhnen Adolf, Heinrich, Kurt und Hans die Leitung der inzwischen fünftgrößten Privatbank Deutschlands übertragen. 1931 gehen die Brüder noch eine Verbindung mit dem Berliner Bankhaus S. Bleichröder ein, das dank seiner Geschäftsbeziehungen zu den Rothschilds und einst zu Bismarck und Kaiser Wilhelm II. bedeutend war, aber

nach dem Ersten Weltkrieg und der Weltwirtschaftskrise durch die Teilhaberschaft der Arnholds gestützt werden muss. Ab 1935 wird das vom NS-Regime bedrängte Unternehmen »arisiert«, der Zwangsverkauf geschieht unter Federführung der Dresdner Bank,[4] deren Aufsichtsrat vormals Eduard Arnhold war. Die vier Arnhold-Banker emigrieren währenddessen in die USA und nach Brasilien, als letztem gelingt dabei Kurt Arnhold 1938 die Flucht nach zwischenzeitlicher Inhaftierung durch die NS-Behörden.[5] In New York wird sodann die Niederlassung Arnhold & S. Bleichroeder zum neuen Hauptsitz ihrer Bank.

An diesen Zweig der Arnhold-Familie erinnert heute am Berliner Wannsee die American Academy. Das großzügige Anwesen wurde 1886 für den Chemiker und Industriellen Franz Oppenheim und seine Ehefrau Margarete, eine Urenkelin Moses Mendelssohns, gebaut. Die Oppenheims waren befreundet auch mit Eduard und Johanna Arnhold und teilten als Sammler das Interesse an den im deutschen Kaiserreich zunächst verfemten französischen Impressionisten. Nach Franz Oppenheims Tod 1929 erwarb Hans Arnhold, der jüngste Sohn von Georg und Neffe von Eduard Arnhold, die weitläufige Villa mit Garten und Anlegeplatz am See. Nach der Emigration von Hans Arnholds Familie wurde der Besitz enteignet und Residenz des NS-Reichsbankpräsidenten Walther Funk, nach dem

Krieg hat es bis 1994 die US Army als Offizierscasino und Segelclub genutzt.
Seit der Rückübereignung an die in Amerika lebenden Nachfahren Arnholds und deren mäzenatischer Umwidmung des Hauses zum Hans Arnhold Center der American Academy wohnen und arbeiten hier die jährlichen amerikanischen Fellows, mit Stipendien für Wissenschaften und Künste. Beim Blick auf das andere Seeufer, das ist weniger bekannt, geht die Aussicht auch auf das direkt gegenüberliegende Gelände der einstigen, in den 1930er Jahren abgerissenen Wannsee-Villa von Eduard und Johanna Arnhold. Ab 1885 unterhielten die beiden dort ein prächtiges, mit Kunstschätzen ausgestattetes Sommer-Wochenenddomizil, erbaut im italienischen Neo-Renaissancestil. Ihren gleichfalls nicht mehr erhaltenen Garten hin zum Ufer hat Max Liebermann, dessen Haus an der nämlichen Seestraße ein paar hundert Meter weiter heute Museum und Gedenkstätte ist, im Jahr 1911 gemalt und so für die Nachwelt bewahrt.[6]
Das ist das familiäre und historische Umfeld. Eduard Arnholds erstaunliche Karriere beginnt, als er im September 1863 im Alter von 14 Jahren mit dem »Zeugnis der Reife und der Berechtigung zum einjährigen Militärdienst« die Herzogliche Franzschule in Dessau verlässt. Er ist ein guter Schüler, ungewöhnlich belesen, lateinkundig, spricht bereits Englisch und

Garten der Villa Arnhold am Wannsee, Gemälde von Max Liebermann (1911, Privatbesitz)

Französisch und verzichtet gerne auf den angebotenen Militärdienst. Ein Bekannter des Vaters, der Berliner Kohlehändler (und Aufsichtsrat der Dessauer Wollgarnspinnerei) Caesar Wollheim, bietet dem aufgeweckten Jungen eine Lehre mit kleinem Salär in Berlin an, wo der 14-jährige Eduard bei seiner Berliner Großmutter ein Zimmer bezieht.

Schon nach kurzer Zeit muss er das besondere Wohlwollen seines Chefs gewonnen haben. Der aus Breslau gebürtige jüdische Unternehmer Caesar

Wollheim (1814–1882) handelt in Berlin mit vielerlei Rohstoffen, mit Textilien, Getreide und Metallen, vorwiegend aber mit oberschlesischer Steinkohle, die in eigenen Holzkähnen verschifft wird. Der junge Eduard kümmert sich um die Ankunft der Lieferungen in Berlin, inspiziert die Schiffe und klopft auch mal buchstäblich auf Holz. Dabei entdeckt er, dass etliche Kähne mit doppeltem Boden fahren und unter Deck größere Ladungen Kohle veruntreut wurden.[7] Bald macht Arnhold auch strategische und praktische Vorschläge, das kostspielige Transportwesen zu modernisieren, um gegen die billiger geförderte und beförderte Ruhrkohle sowie die lange übermächtige Konkurrenz der englischen Kohle besser bestehen zu können.

Gerade achtzehnjährig erledigt der schnell ausgelernte Lehrling schon eigenständig Geschäfte des oft abwesenden Firmenchefs. Eduard zeigt einen ungewöhnlichen Sinn für Marktchancen, neue Vertriebswege und die Motivation von Mitarbeitern und Zulieferern. Zu Beginn des deutsch-französischen Kriegs 1870/71 bringt er, bei angespannter finanzieller Lage der Firma, eine offenbar riskante Börsenoperation Caesar Wollheims mit Instinkt und Nervenstärke zum erfolgreichen Abschluss. Kurz darauf, 1871 im Jahr der Reichgründung, ernennt Wollheim seinen erst 21-jährigen Adlatus zum Prokuristen. Das hat eine gewisse Symbolik. Denn nicht allein in Preußen und der neuen Reichshauptstadt Berlin setzt in der neuen deutschen Monarchie nun auf allen Gebieten der Wirtschaft, Finanzen und auch der Kultur ein jahrzehntelanger steiler Aufschwung ein. Die boomende Kapitale braucht und produziert Kapital, die Industrie und die wachsenden Großstädte brauchen immer mehr Energie. Deren wichtigste Quelle ist in Europa die Kohle, und Eduard Arnhold knüpft weitreichende Netze.

Folgerichtig macht der Kommerzienrat Caesar Wollheim den 25-jährigen Prokuristen am 1. Januar 1875 zum Teilhaber der Firma. Schon zwei Jahre zuvor hatte Eduard ziemlich selbstbewusst, doch mit dem Talent für Verbindlichkeit, Charme und der Eitelkeit nicht in der Person, wohl aber in der Sache, bei Wollheim einen weitergehenden Aufstieg angemahnt. Als mittlerweile väterlicher Freund verweist dieser ihn zunächst auf seine Jugend. Doch Eduard erwidert keck, er fühle sich durchaus zum Chef berufen und habe von anderer Seite schon die Mittel angeboten bekommen, eine eigene Firma zu gründen.[8] Möglich, dass er dabei seinen älteren Bruder Max und dessen Dresdner Bankhaus in der Hinterhand wusste.

Die wenigen Aufnahmen, die noch von Eduard Arnhold existieren, zeigen ihn ähnlich wie auf dem verschollenen, 1919 vollendeten Porträtgemälde von Max

Liebermann oder auf Radierungen von Emil Orlik als erfolgreichen Grandseigneur. Doch im Gedenkbuch von 1928 sieht man auch ein ganz anderes Foto (siehe Abbildung auf Seite 24). Das undatierte so genannte »Jugendbildnis« präsentiert einen lässig ans Eck eines Flügels oder eines samtbedeckten Tisches gelehnten Mann mit wilden Locken, im hellem Sommeranzug, mit gekreuzten Beinen und den rechten Fuß fast kokett auf die blanke Schuhspitze gestellt. Das könnte auch ein junger Komponist oder Dirigent, ein Schauspieler oder Dandy sein, den Blick nicht in die Kamera, sondern über den Bildrand hinaus in die weitere Zukunft gerichtet.

Als Caesar Wollheim 1882 stirbt, wird Eduard Arnhold mit 33 Jahren Inhaber des Unternehmens. Wollheim hatte keinen männlichen Erben und ihn im Testament zum Nachfolger bestimmt. Die Firma mit ihrem Geschäftssitz in der Französischen Straße nahe dem Berliner Gendarmenmarkt wird Arnhold nun rasant zu einem führenden Energieversorger nicht nur der Hauptstadt ausbauen. Um 1900 beschäftigt er allein in den oberschlesischen Gruben über tausend Mitarbeiter.[9]

Eduard Arnhold expandiert zudem ins Gasgeschäft und Reedereiwesen, und bald steigt er in die deutsche Wirtschaftselite auf. Er wirkt stark aktiv in zahlreichen Aufsichtsgremien,[10] etwa der Dresdner Bank, der

Jugendbildnis Eduard Arnholds, um 1870

Reichsbank, im preußischen Landeseisenbahnrat, im nach dem Ersten Weltkrieg etablierten Reichwirtschaftsrat, bei der Agfa oder als Kollege des späteren Reichsaußenministers Walter Rathenau im Aufsichtsrat der Allgemeinen Electricitätsgesellschaft (AEG), die Rathenaus Vater in Berlin einst gegründet hatte. Arnhold fördert früh auch die Elektrifizierung der ursprünglich mit Pferdedroschken betriebenen Großen Berliner Straßenbahn. Trotz eigener Fahrzeuge mit Chauffeur geht er ins Büro gerne zu Fuß und springt unterwegs mit seinem Freiticket als Präsident des Aufsichtsrats immer mal wieder auf einen Tramwagen auf, um mit Fahrern, Schaffnern und Fahrgästen über ihre Erfahrungen, Beschwerden oder Verbesserungsvorschläge zu reden und selbst ein Bild vom alltäglichen Betrieb zu erhalten.[11]

Es ist diese kommunikative Begabung, die ihn offen macht für Verhandlungen und Problemlösungen: ob in Tarifkommissionen, ob in Gesprächen mit Kaiser Wilhelm II., mit Ministern, Industriellen, Künstlern und Wissenschaftlern – oder mit den Bergleuten, Kontoristen oder Spediteuren der ihm verbundenen oberschlesischen Gruben, die er regelmäßig besucht. Die betagte Tochter eines leitenden Angestellten im Gleiwitzer Bergbau hat sich in Gesprächen mit dem Verfasser über ihre Familie und Kindheit noch sehr eindrücklich an die »allgemeine Freude« erinnert,

»wenn der beliebte Geheimrat Arnhold aus Berlin zur Visite kam«.[12]
Arnhold gefallen hochfliegende Pläne, wenn sie zugleich auch geerdet erscheinen. Wie er sich durch die Phantasie von Künstlern animiert fühlt und auf dem geschilderten Jugendbild weniger einer Fontane-Figur als einem Verwegenen aus den Gesellschaftsbildern eines Flaubert, Victor Hugo oder Zola gleicht, so sympathisiert er mit unternehmerischem, wissenschaftlichem oder technischem Pioniergeist. Daher unterstützt er von Anfang an die 1912 in Berlin gegründete »Deutsche Versuchsanstalt für Luftfahrt«. Doch bereits im Jahr 1901, so hält er in einer Aufzeichnung fest, sucht ihn Ferdinand Graf von Zeppelin auf und erbittet einen Zuschuss für die – nach ersten Versuchen am Bodensee zunächst gescheiterte – weitere Entwicklung eines gasgetriebenen Luftschiffs. »Zu meiner Überraschung«, schreibt Arnhold, nennt Zeppelin, der schon fast sein ganzes Vermögen für das Projekt geopfert hat, »nur den bescheidenen Betrag von 5000 Mark«. Als dann im Sommer 1908 Zeppelins erstes fahrplanmäßig verkehrendes Luftschiff auf der Rückreise von Berlin in der Nähe von Stuttgart wegen eines Motorschadens notlanden muss und kurz darauf infolge eines Sturms und Feuers zerstört wird, zögert Arnhold nicht, dem Grafen im nächsten Jahr zum Wiederaufbau seiner Luftfahrt gleich 100 000 Mark zu überweisen.[13]

Über Arnholds mäzenatische Goldader wird im Folgenden noch zu berichten sein. Um die Aufbruch- und Pionierstimmung jener Jahre zu erfassen, muss man sich indes die Umbrüche und Innovationen der Zeit um 1900 vergegenwärtigen. Tatsächlich markiert der Beginn des 20. Jahrhunderts eine schier fantastisch beschleunigte Weltreise in die Moderne.

Die Epoche elektrisiert die Menschen. Strom erleuchtet die Nacht, Bilder fangen an zu laufen, Motoren immer schneller zu fahren, und bemannte Flugmaschinen überwinden die Schwerkraft. In Paris strömen im Jahr 1900 fast 50 Millionen Besucher zur Weltausstellung am Fuß des 300 Meter hohen Eiffelturms. Kaum ein Jahr später startet in Elberfeld bei Wuppertal die erste Schwebebahn der Welt. Doch der allgemeine Drang zur Höhe, Weite, Geschwindigkeit korrespondiert auch mit der Einfahrt in die Tiefen, nicht nur im Kohlebergbau oder bei der (außereuropäischen) Erdölförderung. Unter den Metropolen entstehen die ersten Untergrundbahnen, in London ab 1890, in Paris 1900, Berlin 1902 und New York 1904. Unter dem Meer wird 1900 das erste Transatlantikkabel der Deutschen Telegraphengesellschaft in Betrieb genommen.

Die Bevölkerung des Deutschen Reichs wächst vom Gründungsjahr 1871 bis 1910 von rund 41 Millionen Einwohnern auf knapp 65 Millionen, vergleichsweise expansiver erreicht die Hauptstadt als neuer Magnet für Industrie, Handel, Finanzen und Kultur nach gut 825 000 Bewohnern im Jahr 1871 schon 1877 die erste Million. 1914 ist Berlin eine Zweimillionenstadt, und der Großraum an Spree und Havel zieht mit rund 3,7 Millionen Menschen fast gleich mit der Agglomeration von Paris.

Noch ist London die größte, mächtigste Kapitale Europas, aber als im Januar 1901 Queen Victoria nach knapp 64 Regierungsjahren stirbt, zeigt auch das Empire längst Risse. Die Jahrhundertwende ist die Zeit des britischen Burenkriegs in Südafrika, des Boxeraufstands der Chinesen gegen den europäischen, amerikanischen und japanischen Imperialismus. Kaiser Wilhelm II. gibt dabei für sein nach China entsandtes Expeditionskorps im Juli 1900 die Parole aus: »Gefangene werden nicht gemacht.« Und Deutschland als neue Kolonialmacht begeht, in Europa und im eigenen Land als Tragödie kaum wahrgenommen, einen Völkermord an den aufständischen Herero und Nama in Deutsch-Südwestafrika. 1904 fordert der Indische Nationalkongress erstmals die Unabhängigkeit der Kronkolonie von Großbritannien, im Folgejahr wird das russische Zarenreich von Revolten erschüttert, es gibt den Petersburger »Blutsonntag« und den ebenso grausam niedergeschlagenen Matrosenaufstand in Odessa. Ein Vorschein der Russischen Revolution im

kommenden Jahrzehnt, das mit dem Großen Krieg die alte Welt explodieren lässt.
Mit dem neuen Jahrhundert beginnt auch die Revolution der modernen Naturwissenschaften. Am 14. Dezember 1900 trägt Max Planck in Berlin ein neues physikalisches Denkmodell vor, mit dem er die Quantenphysik begründet. Darauf aufbauend wird Albert Einstein fünf Jahre später mit seiner speziellen Relativitätstheorie das Verhältnis von Masse, Energie und Lichtgeschwindigkeit neu bestimmen. Damit werden auch die bisher festgefügten Begriffe von Zeit und Raum aufgehoben.
Auch die künstlerischen Formen brechen auf, explodieren. In Hugo von Hofmannsthals 1902 in der Berliner Zeitschrift *Der Tag* erschienenem »Chandos-Brief« zerfallen dem Autor die eigenen Worte »wie modrige Pilze« im Mund. Ab 1902 versuchen Henry van de Velde und Harry Graf Kessler, vom Jugendstil inspiriert und von einer Vorahnung des (1919 gegründeten) Bauhauses ergriffen, in Weimar ein moderneres Formbewusstsein in Kunst, Architektur und Kunstgewerbe zu etablieren. 1905 wird in Dresden von den kommenden Expressionisten Kirchner, Schmidt-Rottluff, Pechstein und Mueller die Künstlergemeinschaft »Die Brücke« gegründet, in Paris bilden im gleichen Jahr Matisse, Braque und Rouault die »Fauves« (»Die Wilden«); 1907 wird mit Picassos Gemälde der

»Demoiselles d'Avignon« der multiperspektivische Kubismus geboren, 1909 folgt das Manifest des italienischen Futurismus, 1910 malt Kandinsky das erste abstrakte Aquarell, im Folgejahr formiert sich in München der expressionistische »Blaue Reiter« mit Macke, Marc und Gabriele Münter.[14]

Überall Zeichen des Epochenbruchs. Doch zugleich wiegt sich die alte Welt so kurz vor der kriegerischen »Urkatastrophe des 20. Jahrhunderts« (George F. Kennan) noch in einer trügerischen Selbstgewissheit. Zumindest Europa hatte, bis dahin kaum vorstellbar, vier Jahrzehnte Frieden gehabt, und wer es sich leisten konnte, durfte als Bahnreisender komfortabel von Lissabon bis Moskau gelangen, ohne Beschränkungen. Das prägte den vorherrschenden Zeitgeist, allen ethnischen Konflikten, ungelösten sozialen Fragen, der Armut proletarischer Schichten im Verhältnis zum boomenden Wirtschaftsbürgertum oder der noch immer mangelnden politischen und juristischen Gleichberechtigung der Frauen zum Trotz.

Der Unternehmer als Citoyen, der Jude als weltoffener Patriot

Ein Mann wie Eduard Arnhold nimmt diese politisch-sozialen und kulturellen Zeiterscheinungen wahr. Aber er strebt im privaten wie im öffentlichen Leben eher nach konfliktlösender »Harmonie«. Nach zukunftsoffenem Common sense. Als Mitgründer und Spender von 250 000 Mark fördert er ab 1910 die naturwissenschaftlichen Forschungen der Kaiser-Wilhelm-Gesellschaft (heute Max-Planck-Gesellschaft) und zuvor neben anderem schon das Deutsche (Technik-) Museum unter der Direktion Oskar von Millers in München: für ihn Institutionen und Sinnbilder eines allgemeinen Fortschritts. Als Kunstsammler erfüllt sich sein Interesse an der Moderne mit dem Impressionismus, der selbst im sprühenden Spiel von Licht und Farben immer noch am erkennbaren Welt- und Menschenbild festhält. Die französischen Impressionisten um Manet, Monet, Cézanne und die von Max Liebermann mit angeführte deutsche »Secession« sprengen zwar in der zweiten Hälfte des 19. Jahrhunderts den konservativen Salon, wirken jedoch nicht politisch revolutionär.

Auch der Expressionismus erscheint zunächst als gesteigertes Fest der Farben. Doch gärt darin eine andere Unruhe, Nervosität – zumal die begleitenden

literarischen Töne kurz vor dem Ersten Weltkrieg ahnungsvoll gereizter, aggressiver klingen. »Dem Bürger fliegt vom spitzen Kopf der Hut, / In allen Lüften hallt es wie Geschrei«, beginnt das 1911 in der Berliner Zeitschrift *Der Demokrat* publizierte Gedicht des jungen Poeten Jakob van Hoddis, das bereits »Weltende« heißt. Hoddis, sein Geburtsname ist Hans Davidsohn, wird drei Jahrzehnte später im NS-Vernichtungslager Sobibor ermordet.
Dieser grelle Ton, dieser expressive Gestus bleibt Eduard Arnhold fremd. Er hält ihn für eher pathetisch übertrieben. Und die Politik, der im Wilhelminismus wie fast überall in Europa durchaus salonfähige Antisemitismus? Arnholds befreundeter Berliner Industriellenkollege, der 1922 als damaliger Reichsaußenminister von rechten Attentätern ermordete Walther Rathenau, schrieb in seinen Erinnerungen: »In den Jugendjahren eines jeden deutschen Juden gibt es einen schmerzlichen Augenblick, an den er sich zeitlebens erinnert: wenn ihm zum ersten Male voll bewußt wird, daß er als Bürger zweiter Klasse in die Welt getreten ist und keine Tüchtigkeit und kein Verdienst ihn aus dieser Lage befreien kann.«[15]
Eduard Arnhold wird sich dagegen nie als Bürger und Mensch zweiter Klasse sehen. Das widerspricht seinem optimistisch geprägten und früh entwickelten bürgerlichen, als erfolgreicher Unternehmer dann

auch großbürgerlichen Selbstbewusstsein. Unter Fotoporträts von sich, gleichsam Autogrammkarten, soll er gerne einen Spruch Theodor Fontanes geschrieben haben: »Die Tränen lassen nichts gelingen, / Wer schaffen will, muß fröhlich sein.«[16]

In Inge und Walter Jens' Biographie »Katjas Mutter«, die das Leben von Hedwig Pringsheim, der mit Eduard und Johanna Arnhold persönlich bekannten Mutter von Thomas Manns Frau Katja, beschreibt, findet sich über den aus dem schlesischen Kohlegebiet stammenden Vater von Hedwig die folgende Passage: »Rudolf Pringsheims Weg vom oberschlesischen Spediteur zum Rittergutsbesitzer und Multimillionär in Berlin ist typisch für eine Schicht jüdischer Klein- und Mittelstadtbürger... Sie waren durch Fleiß, Intelligenz und Weitsicht reich geworden und drängten seit der Mitte der sechziger Jahre *(Anm.: des 19. Jahrhunderts)* in die preußische Hauptstadt – häufig über den offenbar nobilitierenden und als Entreebillet in die Gesellschaft nützlichen Brauch, ein Rittergut zu erwerben.«[17]

Der spätere Besitzer des preußischen Ritterguts Hirschfelde bedurfte dieses Umwegs zwar nicht, aber die Schilderung ist bezeichnend auch für Eduard Arnhold und seine Generation aufsteigender jüdischer Bürger in Wirtschaft, Wissenschaft, Kunst und Journalismus.[18] Viele von ihnen galten als »Kaiser-

juden«, ein freilich fragwürdiger Begriff, den Chaim Weizman in seinem 1949 in New York erschienenen Buch »Trial and Error« im Hinblick auf – ebenso wie Eduard Arnhold – nationalkonservativ und monarchistisch eingestellte Unternehmer (und Mäzene) wie James Simon, Alfred Ballin, Max Warburg, aber auch auf den sozial-liberal engagierten Politiker und Publizisten Paul Nathan gemünzt hat.[19]
Politisch verehrt Arnhold den Reichskanzler Otto von Bismarck – in der privaten Gemäldegalerie Eduard Arnholds in seiner Stadtvilla im Berliner Tiergarten hängen Franz von Lenbachs zwei Porträts von Kaiser Wilhelm I. und von Bismarck an derselben Wand, zwischen ihnen freilich der schon erwähnte »Prometheus« von Arnold Böcklin.[20] Eine nicht zufällige Platzierung. Bismarck ist für den Philanthropen Arnhold der Reichseiniger und weniger der Mann der Sozialistengesetze, vor allem aber der Schöpfer der gesetzlichen Kranken-, Unfall- und Rentenversicherung.
Ohne je Mitglied zu sein, steht Eduard Arnhold wie zahlreiche jüdische Unternehmer im Kaiserreich der industriefreundlichen Nationalliberalen Partei nahe. Monarchistischer Patriotismus erscheint ihm selbstverständlich, im Hinblick auf seine weltoffene Gesinnung bedeutet dies jedoch nicht »Nationalismus«.[21] Auch Arnholds Unterstützung des »Deutschen Kolonialvereins« und dessen Bestrebungen in Deutsch-Ostafrika

während der Jahre 1884 bis 1894 gehört in diesem Zusammenhang zu den eher beiläufigen, zeitüblichen und sogar ökonomisch wenig erfolgreichen Aktivitäten Eduard Arnholds.

Selbst erfährt Arnhold stärkere antisemitische Angriffe zeit seines Lebens wohl nur in einem einzigen, freilich aufsehenerregenden Fall. Just im Jahr 1900 beginnt eine durch Verknappungen englischer Kohlelieferungen ausgelöste Debatte um eine angeblich drohende »Kohlenot« im Deutschen Reich. An ihr sollen die beiden (jüdischen) Großhandelsfirmen Caesar Wollheim und Emmanuel Friedlaender & Co. mit schuld sein, beiden werden in Polemiken überhöhte Preise und Millionengewinne vorgeworfen. Insbesondere die *Schlesische Zeitung* in Breslau und die Berliner *Staatsbürgerzeitung* schüren Ressentiments, sprechen vom »jüdischen Großhändlertum« und einem jüdischen »Feudalsystem«. Später wird Arnhold dabei als »Kohlekönig« attackiert.[22]

Während die liberale Presse dies als »Hetze« verurteilt und sich die Ministerialbürokratie zunächst vor die mit dem Staat geschäftlich eng verbundenen Firmen Wollheim und Friedlaender stellt, gibt es im Preußischen Abgeordnetenhaus wie auch im Reichstag heftige Anwürfe einzelner, in ihrer Diktion antisemitischer Abgeordneter. Obwohl Arnhold falsche Zahlenangaben und Verleumdungen durch konkrete Fakten

mehrfach widerlegt und mit staatlichen Stellen zusammenwirkt, um die (offenbar nie wirklich gefährdete) Kohleversorgung der Bevölkerung und Betriebe zu sichern, nennt der preußische Handelsminister Brefeld 1891 bei einer Rede im Abgeordnetenhaus die Zusammenarbeit mit den beiden Kohlegroßhändlern ein »nothwendiges Übel«.
Hierauf gibt Arnhold, wie er sagt, »das Gefühl der Selbstachtung die Pflicht ein«, dieses angeblich notwendige Übel zu beenden. Er kündigt seinen Geschäftsvertrag mit der staatlichen Zentralverwaltung der Steinkohlebergwerke in Zabrze zum Anfang 1892. Dadurch reduziert sich die von Arnhold vertriebene Kohlemenge um jährlich wenigstens 450 000 Tonnen.[23] Ein Schritt, der Arnhold in der Öffentlichkeit nun weitgehend Respekt einträgt. Gleichwohl nennt der prominente Publizist Maximilian Harden in seiner Zeitschrift *Die Zukunft* Arnhold einen »gelbe(n) Mohr«.[24] Das soll insinuieren: weder wahrer Jude noch rechter Deutscher.
Derlei Bosheiten sind an Arnhold offenbar abgetropft wie ein trüber Regenguss vorm nächsten Sonnenschein. Selbst in der beschriebenen Kohlekrisenaffäre geriet er mit eigenem Namen nur ausnahmsweise ins öffentliche Gerede, ihn schützte insoweit auch der weiter beibehaltene und nicht auf ihn persönlich verweisende Firmenname »Caesar Wollheim«.[25]

Eduard Arnhold erhält 1891 den Titel Kommerzienrat, zehn Jahre später befördert zum Geheimen Kommerzienrat. Doch eine Erhebung in den Adelsstand und die von Wilhelm II. erwogene Ernennung zum Minister kommt für Arnhold nicht in Frage. Sich dafür taufen zu lassen und seiner jüdischen Herkunft den Rücken zu kehren, lehnt er als Eingriff in seine familiäre Tradition und bürgerliche Privatsphäre selbstbewusst ab. Trotzdem wird Eduard Arnhold 1913 als einziger Jude ins Preußische Herrenhaus berufen, knapp dreißig Jahre nach dem Tod des Frankfurter Bankiers Mayer Carl von Rothschild, dem bis dahin einzigen jüdischen Mitglied in der Ersten Kammer des preußischen Parlaments mit Sitz im heutigen Bundesratsgebäude.
Diese Berufung macht durchaus Furore. So kann es sich Max Liebermann in einigen Briefen an Dritte, etwa an den Hamburger Kunsthallendirektor Alfred Lichtwark, nicht verkneifen, seinen größten Sammler und Förderer nunmehr mit dem Zusatz »das neue Herrenhaus-Mitglied« zu versehen.[26] Liebermann hat das Ehepaar Eduard und Johanna Arnhold ansonsten als »ganz famose Leute« gerühmt[27] und er bekennt beispielsweise in einem Schreiben an Arnhold vom 26. September 1916: »Während die Nationalgalerie meine Produktion der letzten 25 Jahre ignoriert, zeigt mich Ihre Sammlung vom Anfang bis zum heutigen

Tag ...«[28] Dennoch treibt Liebermann, der als Präsident der Berliner Secession in seinem Palais direkt neben dem Brandenburger Tor residiert, ein leicht neidvoller Spott um. Der gleichfalls nationalkonservative Künstler rückt den Mäzen, »mit dem ich befreundet bin«, wie er am 10. Juli 1913 dem Direktor der Dresdner Gemäldegalerie Hans Posse schreibt,[29] ab und an etwas prononciert in die Nähe von »S.M.« (Seine Majestät). So in Briefen etwa an Harry Graf Kessler oder nochmals an Alfred Lichtwark am 11. Juli 1913: »Arnhold erzählte mir gestern, daß S. M. sehr huldvoll waren (er hat sich schon den Hofton angewöhnt) ...«[30]

Das freilich sind subjektive Momentaufnahmen. Im größeren Ganzen ist Arnhold schon dank seines zivilen Selbstbewusstseins und seines Ethos ein Citoyen, kein Bourgeois. Nicht ein wilhelminisch duckmäusiger Untertan wie der Held in Heinrich Manns gleichnamigem Roman und keine Kapitalisten-Figur aus dem Panoptikum eines George Grosz. Sein im ersten Kapitel zitiertes Credo als dem Gemeinwohl verpflichteter Unternehmer entspringt dabei nicht allein dem Geist, den Thomas Mann um die Jahrhundertwende seinem alten Buddenbrook eingibt: »Sey mit Lust bei den Geschäften am Tage, aber mach nur solche, daß wir bei Nacht ruhig schlafen können.«[31] Arnholds Überzeugung rührt auch aus einer in vielen jüdischen

Familien der Zeit gelebten Tradition der sozialen und karitativen Verantwortung.
Zeitzeugen und Arnholds schriftliche Äußerungen belegen seine Abneigung gegen Unternehmer wie Hugo Stinnes oder August Thyssen, denen er »einseitigen Geldgewinn« und rein wirtschaftliches Denken vorwirft. Während er in sich immer »stark die Notwendigkeit eines zweiten schöneren Lebens neben der Arbeit« verspürt – mit der Hinwendung zum Sozialen und den Künsten.[32]
Vor dem Ersten Weltkrieg gehört Eduard Arnhold laut dem 1912 von einem ehemaligen Regierungsrat und Statistiker im Reichsamt des Inneren veröffentlichten »Jahrbuch des Vermögens und Einkommens der Millionäre in Preußen« zu den drei reichsten Bürgern Berlins: mit einem Privatvermögen von über 40 Millionen Reichsmark und einem Jahreseinkommen von 2,7 Millionen Mark. Was heute dem mindestens zwanzigfachen Euro-Betrag entspricht. Arnhold wird in Berlin nur knapp übertroffen von seinem Kohlehandels-Konkurrenten Fritz von Friedlaender-Fuld und dem Verleger Rudolf Mosse, unmittelbar nach Arnhold steht auf der Vermögensliste der befreundete Textilunternehmer, Kunstmäzen und Nachbar im Berliner Tiergartenviertel James Simon.[33] Noch erheblich größere Vermögen weisen in Deutschland vorm Ersten Weltkrieg allerdings die nicht-jüdischen Ruhr-

industriellen Krupp, Haniel und Thyssen oder mit etwa 250 Millionen Mark der schlesische Bergbau- und Stahlmagnat Fürst Guido Henckell von Donnersmarck auf.[34]

Der reichste Berliner ist naturgemäß der Kaiser, und er zahlt wie alle Monarchen keine Steuern. Auch für seine begüterten Untertanen gelten damals geringe Einkommensteuern, mit einem Spitzensatz von gerade vier Prozent. Doch Eduard Arnhold steuert das Seine als Selbstverpflichtung bei. Mindestens ein Viertel seines Vermögens hat er im Laufe des Lebens für soziale und kulturelle Zwecke aufgewendet,[35] gegen Ende nur etwas eingeschränkt durch die Weltkriegsfolgen mitsamt der Inflation Anfang der 1920er Jahre.

Obwohl kein Politiker, zeigt sich Arnholds Ethos über das Ökonomische hinaus auch in seinem internationalen Engagement. Bezeichnend ist dabei die Amerika-Reise, die Arnhold mit seiner Frau und der 15-jährigen Adoptivtochter Else im Jahr 1899 unternimmt. Man besichtigt die Niagarafälle und Industrieunternehmen, vor allem aber in New York, Washington, Boston die Museen und Bibliotheken. Als Delegierter der Berliner Kaufmannschaft spricht Arnhold auch auf einem Internationalen Handelskongress in Philadelphia und plädiert dort für weniger Protektionismus auf beiden Seiten sowie ein »Gleichgewicht« der »wechselseitigen Interessen«.

Dabei liest sich seine im Original auf Englisch gehaltene Rede heute, 120 Jahre später, bemerkenswert aktuell: »Die Vereinigten Staaten und Deutschland haben so viele intellektuelle und materielle Berührungspunkte ... Wenn bisher Zwistigkeiten und Meinungsverschiedenheiten herrschten, so müssen wir sie ohne Vorurteil prüfen und nachforschen, ob es an einem Mangel in den Abmachungen und Verträgen liegt oder in der Art und Weise, wie sie ... zur Ausführung gelangt sind. Wir sind der Ansicht, daß durch persönlichen Verkehr und den mündlichen Austausch unserer Gedanken viel Gutes gestiftet, viele Mißverständnisse beseitigt ... werden könnten ...« Arnhold appelliert in seiner in der US-Presse stark beachteten Ansprache an die »Autoritäten beider Regierungen«, die »wichtigen Fragen der Handelsbeziehungen zwischen Amerika und Deutschland zu lösen«, da beide Länder »nicht nur auf dem Gebiet der materiellen Interessen, sondern auch auf dem allgemeinen Gebiet des menschlichen Fortschritts zu wetteifern haben«.[36]

Auch während der wachsenden Rivalität zwischen dem Deutschen Reich und Großbritannien ist Arnhold zusammen mit Unternehmerfreunden wie dem hanseatischen Reeder und Hapag-Gründer Albert Ballin oder dem Hamburger Bankier Max H. Warburg (Bruder des Kunsthistorikers Aby Warburg) um Annäherung und Verständigung bemüht. Er fungiert

so im Verwaltungsrat einer von dem deutschstämmigen englischen Banker Ernest Cassel unterm Protektorat von King Edward VII. und dem deutschen Kaiser gegründeten Stiftung, die den Austausch hochbegabter junger Briten und Deutschen ermöglicht und nicht nur studierte Akademiker fördert.
Im Ersten Weltkrieg unterstützt der Kohlemagnat aus ihm selbstverständlichen Patriotismus die deutsche (Kriegs-)Wirtschaft, aber ohne die nicht nur bei seinen Standesgenossen übliche militaristische Begeisterung. Der Krieg widerspricht seiner humanen und ökonomischen Vernunft, er schneidet ihn durch Italiens Mitgliedschaft in der Entente gegen Österreich und Deutschland ab von seiner geliebten, von Arnold Böcklin erworbenen Villa Bellagio in Florenz ebenso wie von seiner bedeutendsten kulturellen Stiftung, der 1913 gerade erst eröffneten Villa Massimo in Rom. Auch die Erneuerung der »Erbfeindschaft« zwischen Deutschland und Frankreich geht ihm als Sammler französischer Kunst mit engen Verbindungen nach Paris contre cœur.
Dieser moderaten Haltung wegen gilt Arnhold nach dem Krieg dann bei den Verhandlungen mit den Siegermächten als »unbelastet« und nimmt, wie Walther Rathenau, als wirtschaftspolitischer Berater der neuen Reichregierung an den Friedensverhandlungen in Versailles und im belgischen Spa teil. Der im

Jahr 1919 siebzig Jahre alt gewordene einstige Monarchist, der dem Kaisersohn Prinz August Wilhelm nach der Abdankung des Hauses Hohenzollern mit dessen Familie einige Zeit Quartier in seiner Villa am Wannsee gewährt,[37] engagiert sich so auch für die junge Weimarer Republik.

Eduard Arnhold (2. von rechts) mit Hugo Stinnes (Bildmitte) auf der Konferenz von Spa, 1920

Villa und Galerie Eduard Arnhold Regentenstraße 19, Berlin-Tiergarten um 1900

Salon mit Gemälden u.a. von Edouard Manet, Alfred Sisley und Claude Monet

Skulptur von Louis Tuaillon und Bilder u.a.
von Max Liebermann, Monet und Paul Cézanne

Galerie Eduard Arnhold, unten der Rote Saal mit Oberlicht

Max Liebermann. Bildnis von Eduard Arnhold, 1907–1919

Johanna Arnhold

Leopold von Kalckreuth, Johanna Arnhold, 1910

Selbstbildnis Max Liebermann (von 1909) in Galerie Eduard Arnhold

Galerie Eduard Arnhold

Theateraufführung von Zöglingen des Johannaheims im Gutspark von Hirschfelde, 1919. Untere Reihe von links: Arnholds Enkelin Erika Kunheim (2.), Eduard Arnhold (5.), Adoptivtochter Else Kunheim (11.), Enkel Hugo Eduard Kunheim (12.). Mittlere Reihe von links: Johanna Arnhold (6.)

Das Johannaheim in Werftpfuhl bei Werneuchen, um 1920

Rittergut Hirschfelde bei Werneuchen

Das Herrenhaus in Hirschfelde, um 1920

Der Dürnbachhof in Neuhaus am Schliersee, um 1920

Eduard und Johanna Arnhold, 1925, Baden-Baden

Exlibris des Ehepaars Johanna und Eduard Arnhold von Max Klinger, 1906

Eduard Arnhold am Schreibtisch, um 1890

Reichtum verpflichtet: Der Philanthrop und Gutsherr, die Geschichte des Johannaheims

Das Ehepaar Johanna und Eduard Arnhold hat insgesamt etwa hundert soziale Vereine und Institutionen (jüdische, kirchliche, weltliche) finanziell sowie teilweise mit persönlichem Einsatz gefördert. Eduard war ins Gelingen verliebt, und zum Gelingen gehört die Beglückung – von sich und anderen. Nur das Glück eines eigenen leiblichen Kindes bleibt ihm und seiner Frau versagt. Anfang 1881, mit damals 31 Jahren, heiratet er die zehn Jahre jüngere Johanna Arnthal. Seine Frau stammt aus einer mittelständischen jüdischen Hamburger Kaufmannsfamilie, und beide verbindet das soziale wie kulturelle Interesse. Eduard lässt Johanna durch Gespräche, persönliche Berichte von seinen Geschäftsreisen und gemeinsame Aktivitäten auch an seinem Berufsleben in einer zu jener Zeit ungewöhnlich partnerschaftlichen Weise teilnehmen.
Da sie keine eigenen Kinder bekommen, nehmen die beiden im Jahr 1887 eine Pflegetochter auf und lassen das 1883 in bescheidenen Verhältnissen geborene, christlich getaufte Mädchen Elisabeth, genannt Else, protestantisch erziehen. Im Jahr der gemeinsamen Amerika-Reise, 1899, wird Else von ihnen adoptiert, trägt jetzt den Familiennamen Arnhold und wird drei-

ßig Jahre später zur Erbin. Nach Elses Heirat mit dem Berliner Chemieunternehmer Erich Kunheim im Jahr 1901 nehmen die Arnholds in ihren nunmehr wieder kinderlosen Haushalt später auch Johannas Hamburger Nichten Vera und Gertrud Arnthal wie eigene Töchter auf, nachdem diese ihre Eltern durch frühe Todesfälle verloren haben.[38]

Kein Zufall bei so viel Kinderliebe, dass unter den zahlreichen Arnhold-Stiftungen die größte – im Kapitaleinsatz noch die römische Villa Massimo übertreffend – das »Johannaheim« in Werftpfuhl am Rand der Brandenburger Gemeinde Werneuchen ist. Die Gründung erfolgt anlässlich der Silberhochzeit von Eduard und Johanna am 30. Januar 1906. Im Sommer 1907 fertiggestellt und eröffnet, birgt der bis heute erhaltene, in einem parkartigen lichten Waldgelände gelegene Gebäudekomplex zunächst eine reformpädagogische Mischung aus Säuglingsheim, Kindergarten, Mädchenschule, Freizeitzentrum und internatsgleicher Wohnanlage. Ursprünglich gedacht für Waisen und Halbwaisen, werden hier Mädchen und junge Frauen später auch bis zum Abitur geführt oder können im Johannaheim eine Lehre absolvieren oder eine eigene Handelsschule besuchen.

Johanna und Eduard Arnhold haben Grundstück und Bau des Heims mit geschätzt einer Million Mark sowie den laufenden Unterhalt der Zöglinge und die Besoldung des Personals übernommen, zudem zahlen sie in die Stiftung zur Sicherung der Institution drei Millionen Mark als Stammkapital ein und schießen 1916 nochmals eine Million nach. Stiftungszweck ist die »unentgeltliche Pflege und Erziehung bedürftiger Kinder aus allen Ständen ohne Unterschied des Glaubensbekenntnisses«. Insgesamt werden so bis Mitte der 1920er Jahre gut 300 Mädchen im Johannaheim ausgebildet.[39]

Besonderen Wert legen die Arnholds dabei auch auf die geistig-musische Prägung. Man sorgt für eine wohlbestückte Bibliothek, die älteren Kinder werden nach Berlin zu Führungen durch die private Kunstsammlung Arnholds in das Haus in der Regentenstraße eingeladen, es gibt Konzerte, Theater- und Filmvorführungen, das Arnhold-Gedenkbuch erwähnt »in einem Jahr allein zwei Dante-Abende«, dazu regelmäßige Bildungsreisen nach Potsdam, in die Mark Brandenburg, nach Magdeburg, Quedlinburg oder zur Insel Rügen. Besonders eng ist der Kontakt auch zu Arnholds nahem Gut Hirschfelde. Die Heimkinder, wenn sie nicht den Herrn oder die Frau Geheimrat titulieren, nennen das Ehepaar Arnhold gerne »Tante Johanna« und »Onkel Edu«, wie die beiden sonst in der engeren Familie heißen.[40]

Als Förderer des öffentlichen Verkehrswesens nimmt Eduard Arnhold, wenn es an Sommerwochenenden

von Berlin nach Hirschfelde geht, die Ostbahn bis Werneuchen. An der ländlichen Station holt ihn der Fahrer oder Kutscher ab, doch der leidenschaftliche Wanderer übergibt dem Chauffeur oft nur seine Tasche mit den meist mitgebrachten Büroakten und geht die etwa fünf Kilometer bis Hirschfelde lieber zu Fuß. An der ersten Wegkreuzung liegt gleich das Johannaheim, das er wie seine Frau häufig besucht, dann biegt rechter Hand die schmale Landstraße ab, die bis heute zwischen Wiesen, Wäldern und Äckern zum Dorf Hirschfelde führt.
Dort in der protestantischen Feldsteinkirche nahe dem Arnholdschen »Rittergut« gibt es für die Johannaheim-Zöglinge jeweils eigene Weihnachts- und Osterspiele.[41]
Ein Jahrhundert später, seit Frühjahr 2015, ist im Eingangsraum der nach Kriegsschäden inzwischen restaurierten und unter anderem von einem Nachfahren der Hirschfelder Angestellten Arnholds ehrenamtlich betreuten Dorfkirche eine informativ gestaltete kleine Dauerausstellung zum Leben und Wirken des Ehepaars Arnhold zu sehen.[42]
Das heute gut dreihundert Einwohner zählende Hirschfelde sollte für Arnhold, den es ansonsten weiter nach Italien und in den Mittelmeerraum zieht, das heimische »Arkadien« sein. Mitsamt 1500 Hektar Park, Alleen, Wiesen, Feldern und Wäldern erwirbt er 1904 das hernach ausgebaute und neu kultivierte »Ritter-

gut« – ein Ende des 16. Jahrhunderts vom Kurfürsten verliehenes Attribut. Obwohl im Dorf als »Schloss« bezeichnet, wirkt das zweiflügelige, zweistöckige Wohnhaus aus dem 18. Jahrhundert äußerlich eher schlicht, bietet aber, von Arnholds Berliner Architekt Paul Baumgarten renoviert und erweitert, mit mehr als zwanzig Räumen, einer Diele mit heute noch erhaltenen römisch antiken Säulen und einem toskanischen Renaissance-Marmorkamin sowie einem Bankett- und Ballsaal allen Komfort. Es ist gesäumt von Verwalterhäusern und Remise, einem Pferdestall aus rotem Backstein, einer Schnapsbrennerei und weiteren Viehställen. Die große Terrasse auf der Rückseite öffnet sich hin zum Park. Prunkstück zu Arnholds Zeit ist darin ein nach dem Zweiten Weltkrieg bis auf die Fundamente abgetragenes Renaissance-Wasserbecken aus Carrara-Marmor, im Sommer einst von Kindern der Familie und Gästen als »Pool« genutzt;[43] dazu später entwendet oder zerstört künstliche Teiche, eine Kegelbahn, Tenniscourt, im Park zahlreiche antike sowie zeitgenössische Skulpturen von Louis Tuaillon oder August Gaul. Arnholds Freund Tuaillon schuf auch den heute als Wahrzeichen beim Dorfteich platzierten »Stehenden Hirsch«. Hinter einem jetzigen Sportplatz knapp einen Kilometer vom Gutshaus liegt im ehemaligen Park noch das überwachsene, nurmehr als Waldsenke zu erahnende ehemalige Naturtheater,

einst eine Attraktion für Arnholds Gäste aus Berlin wie auch die eingeladene Landbevölkerung.
Für die Angestellten des Musterguts lässt Arnhold im Dorf hübsche weißgetünchte Landhäuser bauen, in denen sie mit ihren Familien mietfrei wohnen und nur für Strom bezahlen. Mit Hirschfelde verbunden ist zudem die berühmteste Schülerin des Johannaheims: Brigitte Schittenhelm, mit Künstlernamen Brigitte Helm. Bis heute hält sich die Legende, dass sie von Filmregisseur Fritz Lang bei einer Laienaufführung des »Sommernachtstraums« in Arnholds Naturtheater entdeckt und nach ihrem Abschluss im Johannaheim als die 1927 zur Ikone gewordene Maschinenfrau in Fritz Langs Stummfilmklassiker »Metropolis« besetzt worden sei.
Tatsächlich hat der spätere Ufa-Star Brigitte Helm (1908–1996) als Schülerin in Hirschfelde Theater gespielt. Doch nach Auskunft ihres Sohnes Christoph Kunheim hatte Brigitte Helms ehrgeizige Mutter zuvor bereits Fotos der Tochter mit einem Bewerbungsschreiben an Langs Besetzungsbüro geschickt, worauf Brigitte zu einem Vorsprechen nach Babelsberg eingeladen wurde.[44] Der familiäre Kontakt zur Arnhold-Familie ergab sich indes durch Helms zweiten Ehemann Hugo E. Kunheim, einen der Söhne aus der Ehe von Arnholds Adoptivtochter Else mit dem Chemieunternehmer Erich Kunheim.

Als nach dem Ersten Weltkrieg erst mit der Abtretung von Teilen Oberschlesiens und einigen der mit Arnholds Imperium verbundenen Kohlegebiete an Polen, dann infolge der großen Inflation 1923 sich Vermögen und Einkünfte Eduard Arnholds reduzieren, bleibt das philanthropische und kulturmäzenatische Engagement mit Einschränkungen dennoch bestehen. So verkauft Eduard Arnhold 1922/23 zur Sicherung des Johannaheims das einzige Mal ein Hauptwerk seiner Kunstsammlung.[45] Für 400 000 Schweizer Franken trennt er sich von Édouard Manets Gemälde »Le Bon Bock«, das heute im Kunstmuseum von Philadelphia hängt. Trotzdem muss das Angebot der Schule reduziert werden, die Stiftung kann indes nach dem Tod des Stifterehepaars und dem Verkauf des Heimgeländes an den Staat bis 1943 gegen Pressionen des NS-Regimes erhalten werden. Der an die jüdischen Stifter erinnernde Name Johannaheim aber wird getilgt – und lebt auch nach 1945 nicht mehr auf. Heute heißt die 1994 vom Land Berlin der »Sozialistischen Jugend Deutschlands – Die Falken« übertragene Institution »Jugendbildungsstätte Kurt Löwenstein«, benannt nach einem Berliner SPD-Bildungspolitiker der Weimarer Republik, der als Emigrant 1939 in Paris gestorben ist. Es werden nun für bis zu 120 Personen zu Klassenfahrten oder Fortbildungsveranstaltungen Plätze angeboten, und im Einfahrtsbereich wird mit einer Informationstafel an Johanna und Eduard Arnhold erinnert. Der alte Name jedoch ist ohne Begründung gelöscht.[46]

Der Kunstsammler und Kulturmäzen in Berlin

In bildungsbürgerlicher Tradition hat Eduard Arnhold mit seiner Frau die »Grand Tour« von Frankreich nach Italien gemacht und per Schiff auch Griechenland und den Nahen Osten bereist. Auf den klassischen Spuren von Winckelmann, Goethe, Schliemann, John Ruskin oder den Malern seit Dürers Zeiten ist freilich Italien das immerwährende Sehnsuchtsland. Es bedeutet für Arnhold mit seiner Unterstützung von Kulturinstitutionen in Florenz, Rom oder Neapel mehr als ein Ferienabenteuer. Und er liebt dort nicht viel weniger als den Apoll von Belvedere oder die Ludovisi-Venus auch volkstümliche neapolitanische Puppenspiele. Ähnlich weit gespannt und kulturdemokratisch ist seine kenntnisreiche Zuneigung etwa zu Altberliner Possen oder bayrischem Bauerntheater so gut wie zu Philharmonikerkonzerten oder Klassikerlektüren.[47] Mittelpunkt aller Geschäfte und seines Lebens bleibt indes Berlin, bleibt dort der Aufbau seiner Kunstsammlung sowie die mäzenatische Förderung von Künstlern, Wissenschaft und Museen.

Zwischen 1881 und 1922 hat Arnhold nach den Recherchen von Michael Dorrmann neben Skulpturen aus der Frührenaissance bis zum Barock, neben gut 70 modernen Plastiken und zahllosen graphische Werken etwa 270 meist hochkarätige Gemälde erworben und hierfür rund drei Millionen Mark aufgewendet.[43] Das Spektrum reicht dabei von einer Madonna Andrea della Robbias aus dem Quattrocento über niederländische Maler des 17. Jahrhunderts bis zu Goya, Manet, Monet, Cézanne, Degas oder Renoir, von Böcklin, Lenbach, Klinger, Feuerbach, Menzel, Leibl, Slevogt, Thoma, Corinth bis zu Lesser Ury, Leistikow oder Liebermann, von dem Arnhold mehr Gemälde besitzt als jede andere Sammlung.
Der zuerst spontane, bald auch von Museumsleuten und Kunsthistorikern beratene Enthusiast kauft vornehmlich im Kunsthandel, selten von Künstlern selbst: so bei dem legendären Entdecker der französischen Impressionisten Paul Durand-Ruel in Paris oder in Deutschland bei Fritz Gurlitt, Theodor Schall und ab 1900 vor allem bei Paul Cassirer in Berlin.[49]
Cassirers Kunstsalon, ausgestattet von Henry van de Velde, liegt in der damaligen Victoriastraße im Tiergartenviertel nicht sehr weit entfernt von Arnholds Hauptadresse Regentenstraße 19. Der Kunsthändler und Verleger (zusammen mit seinem Vetter Bruno Cassirer) ist wiederum Berlins erste Adresse für die

französischen Impressionisten und für die Künstler der Ende des 19. Jahrhunderts entstandenen Berliner und Münchner Secession – verbunden mit Namen wie Max Liebermann, Walter Leistikow, Lesser Ury, Käthe Kollwitz, Lovis Corinth, Max Klinger oder auch Wassily Kandinsky und Edvard Munch. Für Paul Cassirer sind ihre Bilder der Ausdruck der Moderne, und Eduard Arnhold wird im neuen Jahrhundert sein bedeutendster Kunde.

Das im Zweiten Weltkrieg weitgehend zerstörte Berliner Tiergartenviertel zwischen Potsdamer Straße, Landwehrkanal, Tiergartenstraße und rund um den Potsdamer Platz ist damals ein bevorzugtes Quartier von (vielfach jüdischen) Unternehmern, Publizisten, arrivierten Künstlern, Diplomaten, Kunsthändlern. Neben und gegenüber der Arnhold-Villa wohnen die Maler und Bildhauer Adolph von Menzel und Georg Kolbe, nicht weit die Schauspielerin Tilla Durieux, ab 1910 Ehefrau von Paul Cassirer, die Unternehmer James Simon, Oscar Huldschinsky sowie Emil und Walter Rathenau, der Historienmaler Anton von Werner, der Kunsthistoriker Julius Meyer-Graefe, der neben Cassirer wichtigste Kunsthändler und Publizist Alfred Flechtheim oder die Schriftstellerin und Feministin Hedwig Dohm, Mutter von Hedwig Pringsheim und Großmutter von Thomas Manns Frau Katja.[50]

Eduard und Johanna Arnhold ziehen 1898/99 aus einer großbürgerlichen Mietwohnung in der Bellevuestraße im Tiergartenviertel um in das nahe gelegene, neu erworbene Anwesen in der Regentenstraße 19. Haus und Straße existieren heute nicht mehr, ein kurzes Teilstück der einst vom Landwehrkanal bis zum Tiergarten führenden Regentenstraße heißt inzwischen Hitzigallee, auf dem Arnholdschen Grundstück steht jetzt der sich bis zur heutigen Stauffenbergstraße erstreckende rückwärtige Teil der Ende der 1990er Jahre neu erbauten Berliner Gemäldegalerie.
Ein Grund für Arnholds Umzug dürfte der vergrößerte Raumbedarf für die eigene Kunstsammlung gewesen sein. Die kurz zuvor errichtete viergeschossige Stadtvilla in postbarockem Stil mit rückseitigen Anbauten auch für das Dienstpersonal und einer Gesamttiefe von fast 80 Metern bietet im Wohnbereich der Herrschaft, so Michael Dorrman, »über 1000 qm, so dass die scherzhafte Bezeichnung ›Regentenhof‹ nicht ganz unberechtigt war«.[51]
Einige Fotos im Bildteil dieses Buchs mögen noch einen Eindruck geben von der vornehmlich in zwei vom Architekten Paul Baumgarten eigens angefügten Oberlichtsälen, aber auch in den übrigen Räumen der Villa präsentierten Kunstkollektion. Sie hat Hugo von Tschudi, damals gerade ausgeschiedener Direktor der

Berliner Nationalgalerie und im selben Jahr Chef der Staatlichen Sammlungen in München, 1909 in einem 55-seitigen illustrierten Aufsatz der einflussreichen, von Bruno Cassierer verlegten Zeitschrift »Kunst und Künstler« mit den Worten gerühmt, es sei »augenblicklich wohl die wertvollste Privatsammlung moderner Kunst, die Deutschland besitzt«.[52]

Einer der beiden Oberlichtsäle, der mit dem zentral postierten Flügel auch für Konzerte dient, heißt damals der Rote Saal, so genannt wegen der bordeauxfarbenen Seidentapeten auf den Wänden, an denen die Gemälde von Edouard Manet, Claude Monet, Camille Pissaro, Alfred Sisley, aber auch Arnold Böcklins »Prometheus«, Franz von Lenbachs Bismarck-Porträt und Max Liebermanns Amsterdamer »Papageienallee« hängen. Von dieser Pracht des Hauses und der an bestimmten Tagen auch für die interessierte Öffentlichkeit, insbesondere Kunstgeschichtsstudenten, frei zugänglichen Arnhold-schen Galerie kann man sich heute trotz der Fotos aus Familienbesitz nur schwer noch eine sinnliche Vorstellung machen. Es ist der Hauch, der einen anweht, wenn man im Londoner Hertford House im Stadtdteil Westminster die dort seit dem Jahr 1900 präsentierte Sammlung der immens reichen Familie Wallace besucht oder die noch sehr viel umfänglichere private Frick Collection am New Yorker Central Park.

Im »Regentenhof« wird von den Arnholds allerdings

nie wirklich Hof gehalten, Johanna und Eduard sind keine erpichten Gesellschaftsfiguren und betreiben keinen der regelmäßigen Berliner Salons. Aber bei Soireen, Hauskonzerten und privaten Festen verkehrt hier der politische und wirtschaftliche Hochadel, bis hin zu Reichskanzlern, nicht zuletzt sind es auch die jüdischen Bankiers- und Unternehmerfreunde wie Rathenau, Warburg, Oppenheim, Franz und Robert von Mendelssohn, Ballin oder der befreundete Kunstmäzen James Simon – ebenso wie Teile der künstlerischen und intellektuellen Elite. Mehrfach zu Gast sind Gerhart Hauptmann, die befreundete Schauspielerin Louise Dumont, die Museumsdirektoren Tschudi, Lichtwark und Wilhelm von Bode, natürlich Max Liebermann und seine Frau Martha, Paul Cassirer und Tilla Durieux oder gelegentlich die Theaterdirektoren Otto Brahm und Max Reinhardt.

Der Symbolist Max Klinger hat mit einer Darstellung der Fortuna als Frühlingsbotin mit ihrem Füllhorn für die Bücher von Johanna und Eduard Arnhold das von beiden gemeinsam verwendete »Exlibris« gestaltet. Mit dem Namen des Künstlers soll, nach einer Bemerkung Max Liebermanns, Arnhold in seinem Wortwitz gelegentlich auch gescherzt haben, wenn man ihn als Mäzen in Anspruch nahm: da gehe wohl wieder der »Klinger-Beutel« um.[53] Das Sinnbild des Füllhorns jedenfalls passt.

Eduard Arnhold ist es, der nach dem Berliner Sammlerpaar Carl und Felicie Bernstein als erster, durch seinen Einfluss wirklich maßgeblicher Sammler die Kunst der französischen Impressionisten nach Berlin und Deutschland bringt – gegen den heute bei dieser wohl populärsten Kunstrichtung kaum mehr vorstellbaren Widerstand aus Politik und Gesellschaft. Die auf den Eigenwert von Licht und Farbe setzende Malerei aus dem Land des damaligen »Erbfeinds« galt selbst einem Künstler wie Adolph von Menzel als schierer »Dreck«. Arnhold, der später auch eines der wenigen Ehrenmitglieder der Berliner Akademie der Künste wird, sammelt diesen kostbaren »Dreck«.
Er fördert und schenkt und bezahlt Ankäufe der Berliner Museen, so bei Manets berühmtem »Wintergarten« in der Alten Nationalgalerie, dessen Erwerb er 1896 zusammen mit Robert von Mendelssohn, Ernst von Mendelssohn-Bartholdy und Hugo Oppenheim ermöglicht. Als der hernach geschasste Berliner Nationalgaleriedirektor Hugo von Tschudi mehrere französische Werke (darunter Eugène Delacroix' »Medea«) bei einem Londoner Kunsthändler reserviert hat, aber Kaiser Wilhelm II. seine notwendige Genehmigung zum Kauf widerruft, stehen ab 1908 an erster Stelle Arnhold und Robert von Mendelssohn mit je 100 000 Mark für den Erwerb ein. Ebenso hilft Arnhold bei der Finanzierung der Berliner Antikensammlungen, stiftet

im Kriegsjahr 1916 100 000 Mark für den Ankauf der spektakulären »Thronenden Göttin von Tarent« und unterstützt die Ostasiatischen und Islamischen Sammlungen oder die 1911 bis 1913 betriebenen Grabungen der Archäologen Ernst Herzfeld und Friedrich Sarre in Samarra nördlich von Bagdad. Anlässlich von Max Liebermanns 70. Geburtstag schenkt Arnhold der Nationalgalerie 1917 nicht zuletzt ein Chef d'Œuvre Liebermanns, das »Landhaus in Hilversum«.

Als Förderer des Kaiser-Friedrich-Museums (heute Bode-Museum) ist er auch Mitgründer und Vorstand des 1896/97 von Wilhelm von Bode initiierten Kaiser Friedrich Museumsvereins. Die von prominenten Kunstförderern getragene Verbindung wird zum Vorbild zahlreicher Museumsfördervereine in Deutschland und Europa, sie zählt bis Ende der 1920er Jahre rund 120 Mitglieder, gut die Hälfte von ihnen kamen aus jüdischen Familien, deren Mitgliedschaft oder Namensnennung ab 1933 enden musste.[54]

Eines der Glanzstücke der Berliner Gemäldegalerie ist Tizians »Venus mit dem Orgelspieler«, deren Erwerb sich im Jahr 1916 Arnholds Ankaufspende von 50 000 Mark mitverdankt. Doch in der Gemäldegalerie, deren Neubau auch auf dem Grundstück von Arnholds einstigem Haus mit der Kunstsammlung steht, ist sein Name bis heute nicht vermerkt. Anders als etwa in der Münchner Neuen Pinakothek. Dort nämlich verdan-

ken die Bayerischen Staatsgemäldesammlungen einem wiederum von Eduard Arnhold und Robert von Mendelssohn vorrangig finanzierten Fonds Gemälde und Plastiken von Cézanne, Van Gogh, Paul Gauguin, Aristide Maillol und weiteren Künstlern.[55]
Die Bilder in seiner eigenen Sammlung sind Arnholds Lebensfreude, »jeden Morgen, bevor ich ins Bureau gehe«.[56] Unter ihnen sind aus den hier im dritten Kapitel skizzierten Gründen keine Expressionisten. Doch hat Eduard Arnhold mindestens ein Bild auch von Emil Nolde 1913 erworben. Es ist das Jahr des Beginns einer »Medizinisch-demographischen Deutsch-Neuguinea-Expedition« zur Erforschung von Tropenkrankheiten und der hohen Sterblichkeit in der damals zum Deutschen Reich gehörenden Kolonie. Johanna und Eduard Arnhold finanzieren dabei dem gerade erst aufstrebenden Expressionisten Emil Nolde und seiner Frau Ada die Teilnahme an der bald so genannten »Südseereise«: begleitet von Arnholds Nichte Gertrud Arnthal, die sich als ausgebildete Krankenschwester um die labile Gesundheit von Noldes Ehefrau kümmert und deren Mitreise überhaupt ermöglicht. Nolde hat unterwegs mindestens zwei Aquarell-Porträts der von ihm als junge Schönheit gehuldigten Gertrud gefertigt (Nolde: »Das junge blühende Mädel«), doch Gertrud stirbt 1914 auf Borneo an der Malaria mit kaum 24 Jahren. Als die Arnholds ihren

Sarg später nach Deutschland überführen lassen wollen, wird das Schiff im mittlerweile ausgebrochenen Weltkrieg versenkt. Emil Nolde freilich, dessen Werke ab 1933 als »entartete« Kunst gelten, versucht sich den Nazis wiederholt anzudienen, auch mit antisemitischen Äußerungen. Deshalb streicht er jede Erwähnung Eduard und Johanna Arnholds, seiner jüdischen Gönner und Gertruds Verwandten, aus seinen in den dreißiger Jahren verfassten und auch nach 1945 mehrfach aufgelegten Memoiren.[57] Einmal mehr: ein Verdrängen und Vergessen.

Florenz, Rom und die Villa Massimo

Eduard Arnholds mäzenatisches Engagement reicht über die deutschen Grenzen hinaus, bis New York, wo er 1910 dem Metropolitan Museum die Replik einer »Amazone« des von ihm bevorzugten Bildhauers Louis Tuaillon stiftet. Der kulturelle, ästhetische Magnet des Magnaten aber ist Italien. Von Beginn an unterstützt er in Florenz das 1897 eröffnete Kunsthistorische Institut und danach die von Max Klinger als deutsches Künstlerhaus initiierte Villa Romana. Ab 1905 gehören zu deren ersten Stipendiaten und Gästen Gustav Klimt, Georg Kolbe, Käthe Kollwitz, Henry van de Velde und der junge Max Beckmann.

Arnhold selbst kauft zur Unterstützung Arnold Böcklins kurz vor dessen Lebensende die Villa Bellaggio in Fiesole: das Haus und Atelier des Malers in den Hügeln über Florenz, das er nach dessen Tod 1902 als eigenes Feriendomizil bezieht. Die stolzeste Stiftung aber wird ein Jahrzehnt später die Villa Massimo in Rom.

In der italienischen Hauptstadt fördert Arnhold das bis zum Weltkrieg noch auf dem Kapitol residierende Deutsche Archäologische Institut und ab ihrem Gründungsjahr 1913 als Mitinitiator und Kuratoriumsvorsitzender auch die wunderbare, bis heute im renovierten Palazzo Zuccari über der Spanischen Treppe befindliche Bibliotheca Hertziana, jetzt das Max-Planck-Institut für Kunstgeschichte. Eduard Arnholds ganz eigene Gründung ist zur gleichen Zeit als Schwester-Institution der Berliner Akademie der Künste: eine Deutsche Akademie in Rom, frei nach dem Vorbild der berühmten Französischen Akademie in der Villa Medici.

Dazu erwirbt Arnhold im Sommer 1910 aus dem Besitz des Fürsten Massimo 25 000 Quadratmeter Park im Nordosten der Stadt, nahe der Porta Pia, wo damals noch die unbebaute Campagna begann. Das Anwesen liegt unweit der schon in der Antike als Konsularstraße bestehenden Via Nomentana, an der später der Diktator Mussolini in einem Palazzo seinen privaten

Wohnsitz nimmt. Bis zur Eröffnung der dem preußischen Staat mit kaiserlichem Dank zum Geschenk gemachten Akademie baut der Maler und Architekt Maximilian Zürcher weit hinter dem mächtigen Parkeingangsportal eine so imposante wie elegante zweistöckige Neorenaissance-Villa: innen mit Marmorintarsien geziert, draußen mit einer gekiesten Zypressenallee als Auffahrt, gesäumt von antiken Skulpturen, Spolien, Brunnen und einer Reihe von zehn zeitlos modernen, weil manche Ideen des Bauhauses bereits vorwegnehmenden toskanaroten Atelierhäusern, voller Licht und mit kleinen Privatgärten für die Künstler-Stipendiaten. Mehr als zwei Millionen Mark wendet Arnhold hier auf. Doch erlebt er nach der Eröffnung 1913 nur einen Stipendiaten-Jahrgang, dann folgen der Krieg, die zwischenzeitliche Beschlagnahmung durch den italienischen Staat und erst nach Eduard Arnholds Tod die Rückgabe an die Weimarer Republik. Von 1927 an amtiert der Kunsthistoriker Herbert Gericke, Ehemann einer der Töchter von Arnholds Adoptivkind Else, als Direktor in der Villa Massimo. Ihn entlässt der NS-Reichswissenschaftsminister 1938 mit einem zwölfzeiligen Luftpostbrief ohne weitere Begründung.[58] Obwohl Gericke und seine Frau nach den Nürnberger Gesetzen »arisch« sind, gelten sie mit Bezug auf den namentlich getilgten Gründer der Villa als »jüdisch versippt«. Das gleiche Nazi-Verdikt trifft zu jener Zeit die von den Söhnen der Erbin Else Arnhold-Kunheim geleitete, bis 1941 unter Pressionen existierende Firma Caesar Wollheim in Berlin, die nach dem Krieg, von 1946 bis 1969, in Bayern noch von den Erben fortgeführt wird.

Der Zweite Weltkrieg bedeutet ab 1943 die abermalige Schließung der Akademie. Erst 1956 wird die Villa Massimo von Italien an die Bundesrepublik rückübereignet, und ihr erster Direktor bis zum Jahr 1965 heißt wieder Herbert Gericke, gefolgt von seiner Tochter Elisabeth Gericke-Wolken. Mit ihrer Pensionierung endet dann 1993 eine familiäre Ära. Nach einem Interregnum und zwischenzeitlicher Renovierung leitet ab 2002 bis zum Sommer 2019 der Kunsthistoriker und frühere Kölner Galerist Joachim Blüher das Haus. Eine seiner übergreifenden Initiativen ist im Berliner Martin-Gropius-Bau – zum letzten Mal im Februar 2019 – eine jährliche Präsentations-Nacht der Massimo-Stipendiaten, zu denen neben Bildenden Künstlern und Architekten längst auch Schriftsteller, Komponisten und Mixed-Media-Artisten gehören. Eröffnungsworte in der Kuppelhalle des Gropius-Baus sprachen dabei die Bundespräsidenten Horst Köhler und Joachim Gauck, Bundeskanzlerin Angela Merkel oder zum Finale 2019 Bundestagspräsident Wolfgang Schäuble.

Als Gastrednerin würdigt aus diesem Anlass 2016 die Publizistin und Buchhändlerin Rahel Salamander die

Villa Massimo, Rom

Ateliers der Massimo-Stipendiaten beim »Open Studio« 2018

historische Bedeutung Eduard Arnholds und anderer für die Kultur des Landes einst maßgeblicher jüdischer Mäzene. Sie bemerkt zu Arnholds römischer Stiftung: »Alles, was Rang und Namen hatte, war in den vergangenen hundert Jahren Gast in der Villa Massimo.«[59]

Tatsächlich sind als Stipendiaten und zeitweilige Ehrengäste außer den im Anfangskapitel beschriebenen Felix Nussbaum und Arno Breker Namen verzeichnet wie: Karl Schmidt-Rottluff, Horst Antes, Heinrich Böll, Tankred Dorst, Otto Dix, Gerhard Marcks, Anselm Kiefer, Wolfgang Koeppen oder Hans Magnus Enzensberger, die Komponisten Walter Killmayer, Hans Zender und Bernd Alois Zimmermann, die Schriftsteller und Schriftstellerinnen Jürgen Becker, Peter Rühmkorf, Botho Strauß, Peter Schneider, Gabriele Wohmann, Hertha Müller, Terézia Mora, Katja Lange-Müller, Durs Grünbein, Navid Kermani oder der Installationskünstler und Musiker Carsten Nicolai.

Im Garten der Villa, im Park der großen Geister blühen vielerlei Pflanzen wie zugleich Genie und Wahnsinn, Hymnen und Hassgesänge, Träume und manchmal Alpträume. Legendär ist die wütende Auseinandersetzung mit dem ihm fremden, künstlichen Paradies, die Rolf Dieter Brinkmann als Stipendiat 1972/73 im Massimo-Atelier Nummer 10 erfährt, erleidet und zugleich inszeniert. Vier Jahre nach Brinkmanns frü-

hem Unfalltod erscheint 1979 das hinterlassene Prosa- und Bildcollagenbuch »Rom, Blicke«, voll wüster, verzweifelter Wucht.[60] Doch allem persönlichen Hader zum Trotz ist so ein dunkel glühendes, in seiner Weise singuläres literarisches Werk entstanden.
Der Dichter Brinkmann blieb damals wie noch etliche deutschen Künstler in der Stadt Rom unbekannt und isoliert. Inzwischen dürfen die mit 2 500 Euro monatlich dotierten Stipendiaten ihre Familien mitbringen, gehen ihre Kinder für ein Jahr in römische Schulen, und die Direktion Blüher hat viel dafür getan, den einstigen Hortus conclusus trotz seiner Exklusivität auch für die jüngere römische Szene zu öffnen und die Stipendiaten mit ihr zu vernetzen. Zudem erweitern die der Villa Massimo assoziierte ländliche Casa Baldi und die Villa Serpentara in Olevano Romano in den schnell erreichbaren Bergen bei Rom noch mit kürzeren Arbeitsstipendien das Angebot. Auch ein italienisches Filmfest, deutsch-italienische Ausstellungen, Konzerte und Disconächte finden am Largo di Villa Massimo Nr. 1, so die Adresse, mittlerweile statt. Die stolze Idylle ist dem Zentrum alter Kultur und zugleich dem gegenwärtigen Leben nahegerückt. Durchaus im Sinn des weltoffenen Stifters. Als neue Direktorin der Villa Massimo amtiert ab Juli 2019 die Kunsthistorikerin Julia Draganović, zuletzt Leiterin der Kunsthalle Osnabrück.[61]

»Der lauterste Mensch, den ich kennengelernt habe« – Was bleibt als Erinnerung?

Der 10. August 1925 ist in Oberbayern, so vermerkt Eduard Arnhold in seiner letzten Notiz »Wolkenlos! Heiß!«. Vormittags gibt es mit Johanna eine einstündige Autofahrt »über Miesbach nach Fischbach und zurück«. Am selben Tag, kurz vor dem Abendessen (»Fleischloser Tag«), macht Arnhold von seinem Ferienhaus, dem Dürnbachhof in Neuhaus am Schliersee, noch einen kleinen Spaziergang und kehrt nicht zurück. Man findet ihn endlich gut zehn Gehminuten vom Haus neben seiner Lieblingsbank mit der besonders schönen Aussicht auf den Wendelstein. »Er hatte sich wohl auf die Wiese gesetzt, um das abendliche Bild zu genießen, und war dabei eingeschlafen. Bald sah man, daß er auf ewig eingeschlafen war.« So heißt es im Gedenkbuch, das Johanna Arnhold 1928 in Berlin als Privatdruck herausgegeben hat.[62] Arnhold ist bei seinem offenbar friedlichen Tod 76 Jahre alt. Bis auf eine Lungenentzündung im Jahr 1922 war er zeit seines arbeitsreichen Lebens nie ernstlich krank gewesen.

Inmitten seiner Bilder wird Arnholds Sarg am 15. August in Berlin im Haus an der Regentenstraße aufgebahrt. Der früher auch in Arnholds Geburtsstadt Dessau tätige Berliner Rabbiner Dr. Samuel Weiße hält bei der Feier für Angehörige und Freunde die Trauerrede, dann geleiten Bergknappen einer seiner Kohlegruben den Toten zum Krematorium Wilmersdorf, wie die Zeitungen melden, unter zahlreicher Anteilnahme der Bevölkerung. »Alle Seitenwege mit Autos besetzt, Deputationen mit Fahnen, das ganze namhafte Berlin«, beobachtet Johanna und Eduard Arnholds Freundin Marie von Bunsen, eine Schriftstellerin, Künstlerin und prominente Berliner Salonnière aus der Nachbarschaft im Tiergartenviertel.[63] Bei der offiziellen Trauerfeier spricht vor der Einäscherung Adolf von Harnack als Präsident der Kaiser-Wilhelm-Gesellschaft zur Förderung der Wissenschaften die Gedächtnisrede und betont Arnholds »Dreiklang« aus »Schaffen, Helfen und Freude«.[64] Es wird Beethoven und Brahms gespielt, anwesend sind neben Politikern und dem Reichsbankpräsidenten Unternehmer wie Oskar Huldschinsky, Gustav Krupp von Bohlen und Halbach sowie der preußische Kronprinz August Wilhelm. Unter den Trauernden am Rande aber stehen, wie Marie von Bunsen schreibt, auch viele »Gestalten, denen man sonst nicht begegnet … Verhärmte, verhutzelte, in dürftigem Schwarz gekleidete Frauen«, die mit ihren Familien offenbar »ihren Wohltäter« verloren hatten.[65]

Johanna Arnhold stirbt im Jahr 1929. Beider Urnen sind auf dem Alten Friedhof am Wannsee bestattet, in

Grab Eduard und Johanna Arnhold auf dem Friedhof Wannsee

Gedenkstele für Eduard Arnhold in der Villa Massimo

einem Ehrengrab des heutigen Landes Berlin, vor einer Stele des Bildhauers und ehemaligen Massimo-Stipendiaten Theodor Georgii.

Im lichten Treppenhaus der Villa Massimo steht auf dem Absatz zwischen Erdgeschoss und Obergeschoss eine zur Direktionszeit von Herbert Gericke, dem Mann von Arnholds Enkelin Erika, eingemauerte Wandstele mit dem Profilporträt Eduard Arnholds, das der 1956 verstorbene Berliner Bildhauer Fritz Röll entworfen hat. Röll, ein Schüler Adolf von Hildebrandts, gehörte 1913 zum ersten Stipendiatenjahrgang der Villa Massimo. Das kleine Denkmal wird jedes Jahr am 10. Juni, dem Geburtstag des Stifters, mit Blumen geschmückt. Eine Geste. Joachim Blüher als Direktor der Deutschen Akademie bedauert, dass »fast nur in Rom« noch an Eduard Arnhold erinnert wird. Blüher zitiert dazu gerne, was Arnhold zur Begründung der Villa Massimo gesagt hat: »Hier soll der Künstler bekommen, was er verdient und was die Gesellschaft ihm meistens aber vorenthält.«[66] Arnhold sah sich und die Gesellschaft insoweit als Schuldner, nie als Gläubiger der Künstler.

Neben James Simon war Eduard Arnhold also der bedeutendste Mäzen im deutschen Kulturleben des frühen 20. Jahrhunderts.[67] Simon selbst hat seinen Unternehmer- und Sammlerkollegen im Gespräch mit dem Berliner Publizisten und späteren Emigranten

Paul Feder nach dessen Tagebuchaufzeichnung als »den lautersten Menschen, den ich kennengelernt habe« bezeichnet.[68]

Was aber bleibt, jenseits von Rom und der im Familienbesitz erhaltenen Häuser in Florenz und am Schliersee?

Testamentarisch hatten Eduard und Johanna Arnhold verfügt, dass seine Sammlung in der Regentenstraße mindestens zehn Jahre über seinen und Johanna Arnholds Tod hinaus unverändert und öffentlich zugänglich erhalten werden sollte. Heute existiert die den Erben im Rahmen von Hitlers und Albert Speers Planungen für die »Welthauptstadt Germania« abgepresste, ab 1939 zerstörte Villa im Tiergartenviertel so wenig mehr wie die einstige Regentenstraße. Krieg, Bedrängnis der Nachkommen und die Aufteilung unter den Erben mit zahlreichen Verkäufen auch nach 1945 haben große Teile der Gemäldesammlung zerstreut oder zerstört. Einige Bilder sind beispielsweise in einem Safe der Commerzbank Unter den Linden bei Bombardements verbrannt oder mit der Sprengung der Schließfächer durch die russischen Truppen verloren gegangen. Zu den bis heute verschollenen Werken gehören nicht zuletzt die in diesem Buch abgebildeten Porträts, die Max Liebermann und Leopold von Kalckreuth von Eduard und Johanna Arnhold gemalt haben.[69]

Die Wannseevilla, die Stadtvilla und das Wollheim-Haus in der Jägerstraße in Berlin: nicht mehr da. Das Johannaheim bei Werneuchen ist umbenannt, das Gut Hirschfelde in sorgfältigem Privatbesitz, die Dorfkirche dort birgt die einzige Arnhold-Ausstellung, dazu die anfangs erwähnte kleine Straße mit Arnholds Namen. Doch fast nichts in Berlin, wo es bis 1933 allein zwei Eduard-Arnhold-Straßen gab. Keine wurde bis heute wieder nach ihm benannt, kein Platz, kein Ort nirgends. Auch existiert keine eigene Erinnerungstafel in einem der von Arnhold beschenkten Staatlichen Museen. Nach einer Aufzählung der Verdienste um die Sammlungen der Nationalgalerie, der Kollektionen islamischer, vorderasiatischer und ostasiatischer Kunst sowie mehrerer archäologischer Expeditionen resümierte Wilhelm von Bode, der einstige Generaldirektor der Königlichen Museen zu Berlin – heute Stiftung Preußischer Kulturbesitz –, im 1928 erschienenen Gedenkbuch: »Der Name Eduard Arnhold wird unter den Förderern der Kunstmuseen Berlins mit in erster Linie stehen.«[70]

Bis jetzt hat Bode, nach dem eines der schönen Häuser auf der Berliner Museumsinsel benannt ist, mit seinem Satz kein nachhaltiges Gehör gefunden. Einzig die Akademie der Künste führt ein in der Öffentlichkeit kaum bekanntes Stipendium noch auf den Namen ihres einstigen Ehrenmitglieds zurück. Immerhin soll in der im Sommer 2019 zu eröffnenden neuen James-Simon-Galerie auf der Berliner Museumsinsel mit Medienstationen (nur virtuell?) über den Mäzen Eduard Arnhold informiert werden. Und man darf abwarten, ob und was die geplante Ausstellung zur Geschichte Berlins in der Beletage des teilrekonstruierten Hohenzollernschlosses, das nach dem Ersten Weltkrieg auch die Berliner Gemäldegalerie enthielt, dort unterm Signum des Humboldt Forums erzählen wird: zur unersetzlichen jüdischen Kultur und Kulturförderung vor Anbruch der Barbarei. Nach den bisher bekannt gewordenen Konzepten droht hier freilich eine weitere Leerstelle.

An der Berliner Sigismundstraße 4 ist nahe der hier einst kreuzenden Regentenstraße, im Rücken des zerstörten Anwesen von Eduard Arnhold, ein Teil der früheren Villa Parey mit ihrer noch erhaltenen Vorderfront in den Neubau der Gemäldegalerie integriert worden. Die historistische Fassade im Spätrenaissancestil gibt eine kleine Ahnung des sonst weitgehend zerstörten Wohnviertels zu Arnholds Zeit. Diese Fassade ist übersät von Einschusslöchern aus dem Krieg. An einer Stelle links vom Portal hat man über den Spuren eine Glasplatte angebracht, mit der

Inschrift: »Wunden der Erinnerung«. Doch findet sich keine Tafel oder Informationsstele mit dem Hinweis darauf, dass nur wenige Meter entfernt einmal das Haus mit der Gemäldegalerie Arnholds stand.

Die fehlende Erinnerung an Menschen wie Eduard Arnhold gehört, gewiss mehr als ein paar Narben an einer Hauswand, zu den tieferen Wunden. Sein Leben war ein Glück – für sich und andere. Für Berlin und Deutschland. Arnholds Beispiel könnte gerade heute wieder ein leuchtendes sein. Auch darum bleibt sein Erbe eine Herausforderung und andauernde Verpflichtung.

Anmerkungen mit Literaturverzeichnis

Zu den wiederholt zitierten Quellen gehören neben der weiteren in den Anmerkungen aufgeführten Literatur die 2002 erschienene Arnhold-Studie von Michael Dorrmann, die hier nach dem ersten vollständigen Nachweis jeweils mit »MD« abgekürzt wird, sowie das von Johanna Arnhold nach dem Tod ihres Mannes 1928 als Privatdruck herausgegebene Gedenkbuch, bei nachfolgenden Nennungen abgekürzt mit »GB«.

1 Nele Lenze (Hrsg.): Tucholsky in Berlin. Gesammelte Feuilletons 1912–1930. Berlin 2007, S. 50.
2 Michael Dorrmann: Eduard Arnhold (1849–1925). Eine biographische Studie zu Unternehmer- und Mäzenatentum im Deutschen Kaiserreich. Berlin 2002, S. 215.
3 MD, S. 19f.
4 Ingo Köhler: Die »Arisierung« der Privatbanken im Dritten Reich: Verdrängung, Ausschaltung und die Frage der Wiedergutmachung. München 2005, S. 207ff.
5 Dieter G. Maier/Jürgen Nürnberger: Neue Heimat Brasilien. Die Flucht der Familien Levy und Arnhold nach ihren Briefen 1933 bis 1945. Berlin 2017, S. 58ff.
6 Vgl. Norbert Kampe (Hrsg.): Villenkolonien in Wannsee 1870–1945. Großbürgerliche Lebenswelt und Ort der Wannsee-Konferenz. Berlin 2000, insbes. S. 27f., 49ff.
7 Johanna Arnhold (Hrsg.): Eduard Arnhold. Ein Gedenkbuch. Privatdruck, Berlin 1928, S. 20f.
8 GB, S. 22.
9 MD, S. 38.
10 MD, S. 55ff.

11 GB, S. 165.

12 Mündliche Mitteilung von Christa B. in München, 2010.

13 GB., S. 170 mit irrtümlicher Datierung des Zeppelin-Unfalls auf das Jahr 1909.

14 Vgl. Wolfgang Martynkewicz: Salon Deutschland. Geist und Macht 1900–1945. Berlin 2009, insbes. über »Eine andere Moderne«, S. 71ff. Zum zeitgeschichtlichen und kulturhistorischen Panorama um 1900 vgl. Peter von Becker: Das Jahrhundert des Theaters. Köln 2002, S. 13ff.

15 Walther Rathenau: Staat und Judentum. Eine Polemik, in: Walther Rathenau: Gesammelte Schriften. Band 1: Zur Kritik der Zeit. Mahnung und Warnung. Berlin 1918, S. 188f.

16 GB, S. 31f.

17 Inge und Walter Jens: Katjas Mutter. Das außerordentliche Leben der Hedwig Pringsheim. Reinbek bei Hamburg 2005, S. 50.

18 Vgl. hierzu u. a. Julius H. Schoeps »Über Juden und Deutsche. Historisch-Politische Betrachtungen«, Hildesheim-Zürich-New York 2010, S. 254ff.

19 MD, S. 286, dort Fußnote 339.

20 Michael Dorrmann: Ein »Friedensfest« der frühen Moderne. Die Sammlung Eduard Arnhold, S. 104ff., 116, in: Anna-Dorothea Ludewig, Julius H. Schoeps, Ines Sonder (Hrsg.): Aufbruch in die Moderne. Sammler, Mäzene und Kunsthändler in Berlin 1880–1933. Köln 2012.

21 Zur Thematik »Am Rande und im Vorhof der Macht«, mit Verwendung des Begriffs »Nationalismus« auch in Bezug auf Eduard Arnhold vgl. MD, S. 79ff.

22 MD, S. 71ff., 74.

23 MD, S. 280, dort Fußnote 241.

24 MD, S. 78.

25 MD, a. a. O.

26 Max Liebermann am 21.6.1913, in: Ernst Braun (Hrsg.): Max Liebermann: Briefe. Band 5: 1911–1915. Baden-Baden 2015, S. 346f.

27 Brief vom 15.3.1906 an dem Malerkollegen Leopold von Kalckreuth, der später Johanna Arnhold porträtiert hat, a. a. O., Band 3: 1903–1906, Baden-Baden 2013, S. 404f.

28 Max Liebermann, a. a. O., Band 6: 1916–1921, Baden-Baden 2016, S. 69. Im Jahr 1917 besaß die Berliner Nationalgalerie nur vier Bilder Max Liebermanns, die Sammlung Eduard Arnholds dagegen elf Gemälde, für die Arnhold geschätzt etwa 300 000 Mark ausgegeben hat, vgl. MD, S. 122 und 135.

29 Max Liebermann, a. a. O. (wie Anm. 25), S. 355.

30 Ders., a. a. O., S. 357.

31 Thomas Mann: Buddenbrooks. Gesammelte Werke in Einzelbänden, hrsg. von Peter de Mendelssohn. Frankfurt a. M. 1981, S. 178.

32 MD, S. 93 und 288. Ebenso vielfältige familiäre Berichte von Vera Martens, geb. Arnthal (1892–1983), der im Hause Arnhold aufgewachsenen Nichte von Johanna und Eduard Arnhold und Großmutter des Autors.

33 Eva Maria Gajek: Sichtbarmachung von Reichtum. Das Jahrbuch des Vermögens und Einkommens der Millionäre in Preußen. Archiv für Sozialgeschichte 54. Bonn 2014, S. 79–82.

34 Julius H. Schoeps: Über Juden und Deutsche. Historisch-politische Betrachtungen. Hildesheim 2010, S. 256f.

35 MD, S. 254.

36 GB, S. 27.

37 MD, S. 92 und S. 287, dort Fußnote 351.

38 Vgl. oben, Anmerkung 31.

39 GB, S. 289 sowie MD, S. 116 und 118ff.

40 Familiäre Berichte u.a. durch Vera Martens; MD, S. 120.

41 GB, S. 288. In der Dorfkirche heiratet bei dem von Eduard und

Johanna Arnhold im Rittergut Hirschfelde mit Konzert, Theater und Bankett ausgerichteten Hochzeitfest im Januar 1913 die 20-jährige Nichte Vera Arnthal den Juristen Wilhelm Martens, beide sind die Großeltern des Autors.

42 Nahe dem Rittergut leben heute die Eheleute Gisela und Hans-Jürgen Albrecht und engagieren sich in der Kirchengemeinde sowie im Dorf Hirschfelde für das Andenken Arnholds. Hans-Jürgen Albrechts Großvater war einst Bodenmeister (Getreideverwalter) auf Arnholds Gut. Die Dauerausstellung über E. A. wurde 2015 von dem Berliner Gestalter Sebastian Köpcke im Auftrag des Evangelischen Kirchenkreises Oderland-Spree realisiert.

43 Familiäre Berichte, Fotoalben im Privatarchiv des Autors.

44 Mitteilung Christoph Kunheim an den Autor.

45 MD, S. 246; ders. im Aufsatz über die Sammlung Arnhold (wie Anm. 20), S. 111.

46 Vgl. 100 Jahre Johannaheim, www. kurt-loewenstein.de.

47 GB, mit zahlreichen Beispielen, u.a. S. 38.

48 MD, S. 123ff.

49 MD, S. 123; ders. im Aufsatz über die Sammlung Arnhold (wie Anm. 20), insbesondere S. 107ff.

50 Zum Ganzen Katrin Wehry: Quer durchs Tiergartenviertel. Das historische Quartier und seine Bewohner. Berlin 2015; sowie Maite Katharina Kallweit: Die Avantgarde im Tiergarten. Ein historischer Rückblick auf einen Kulturstandort, in: Hermann Parzinger (Hrsg.): Jahrbuch Preußischer Kulturbesitz. Berlin 2015, S. 84ff.

51 MD, S. 204ff.

52 Hugo von Tschudi: Die Sammlung Arnhold, in: Kunst und Künstler, Berlin 1909, S. 3ff., 45ff., 99ff.

53 Max Liebermann Ende Mai 1905 brieflich an Max Klinger, a. a. O. (wie Anm. 26), S. 307.

54 Bruno Jahn: Der Kaiser Friedrich Museumsverein (KFMV) und seine ehemaligen jüdischen Mitglieder/ Mitglieder jüdischer Herkunft. Herausgegeben vom Förderverein der Gemäldegalerie und Skulpturensammlung SMB e.V. seit 1897. Berlin o. J., S. 5 und 12.

55 Zu Arnhold als Museumsmäzen mit umfassenden Nachweisen MD, S. 153ff.

56 So zitiert ihn Max Liebermann, GB, S. 254.

57 Emil Nolde: Jahre der Kämpfe. Berlin 1934; ders.: Mein Leben. Köln 1976; fast grotesk die Schilderung der »Abschiedsfeier der Nichte der Familie«, gemeint sind Gertrud Arnthal und die Arnholds als namenlose Bewohner »eines Hauses in der Regentenstraße«, in dem Nolde vor Anbruch der Reise ihr Gast ist: hier zitiert nach dem Originalmanuskript »Neuguinea. 1913 und 1914 von Emil Nolde« aus dem Jahr 1936, S. 7 (Privatarchiv), später wiederholt veröffentlich unter dem Titel »Welt und Heimat. Die Südseereise 1913–1918«. Köln 2002.

58 Kopie des Briefs im Privatarchiv Christoph Kunheim.

59 Rahel Salamander am 25.2.2016 im Martin-Gropius-Bau Berlin, Redemanuskript S. 2.

60 Rolf Dieter Brinkmann: Rom, Blicke. Reinbek bei Hamburg 1979.

61 Vgl. u.a. Angela Windholz: Villa Massimo. Zur Gründungsgeschichte der Deutschen Akademie in Rom und ihrer Bauten. Petersberg 2003; Elisabeth Wolken (Hrsg.): Villa Massimo 1913–1988. Sonderdruck, Rom 1988; Joachim Blüher (Hrsg.): 100 Jahre Deutsche Akademie Rom. Villa Massimo 1910–2010. Rom und Köln 2010.

62 GB, S. 39.

63 Marie von Bunsen, in: GB, S. 34.

64 Wilhelm von Harnack: Gedächtnisrede bei der Trauerfeier für Eduard Arnhold am 15. August 1925, in: GB, S. 306ff.

65 Marie von Bunsen, a. a. O.
66 Joachim Blüher in Gesprächen mit dem Autor.
67 Zu James Simon vgl. Peter-Klaus Schuster (Hrsg.): James Simon, Sammler und Mäzen für die Staatlichen Museen zu Berlin, anlässlich des 150. Geburtstages von James Simon. Berlin 2001; Bernd Schultz (Hrsg.): James Simon – Philanthrop und Kunstmäzen. München 2006; Olaf Matthes: James Simon. Die Kunst des sinnvollen Gebens. Berlin 2011.
68 MD, S. 216 und 331, dort Fußnote 102.
69 Auskunft von Christoph Kunheim; s.a. MD, S. 150.
70 Wilhelm von Bode in: GB, S. 278f.

Abbildungsnachweise

Archiv Christoph H. Kunheim, Hamburg – S. 43–47, 49, 50, 80 (oben)
Archiv des Autors – Umschlagbild, S. 24, 48, 51–54
Archiv Villa Massimo, Rom – S. 75 (Foto oben: Joachim Blüher, unten: Alberto Novelli, Copyright Villa Massimo), S. 80 (Foto unten: Joachim Blüher)

Dank

Christoph Kunheim in Hamburg als Enkel von Else Arnhold-Kunheim danke ich für wichtige mündliche Auskünfte, Einblicke in Dokumente der Familie und die Überlassung von Fotografien insbesondere der Gemäldesammlung Eduard Arnholds. Ebenso hat Michael Dorrmann über seine fundierte Arnhold-Monographie hinaus meine Arbeit mit weiteren Hinweisen unterstützt. Dank zudem an Joachim Blüher, der als Direktor der Villa Massimo in Rom Gastfreundschaft und Informationen gewährte. Zum ersten Mal zu Besuch in der Villa Massimo durfte ich Ende der 1960er Jahre als Verwandter und Gast bei der damaligen Direktorin Elisabeth Gericke-Wolken und ihrem Mann Alfred Wolken sein. Die Recherchen unterstützt haben auch Ernst Brenning in Berlin und Bernd Schultz, Gründer und Kopf der Villa Grisebach, sowie Gisela und Hans-Jürgen Albrecht, die in Hirschfelde kenntnisreich das Andenken von Johanna und Eduard Arnhold bewahren. Meine Schwiegertochter Stephanie von Becker hat als Fotografin die historischen Abbildungen neu aufbereitet.

Über den Autor

Peter von Becker

Geboren in Mannheim, studierte Jura, Philosophie und Kunstgeschichte in Heidelberg und München, Promotion über »Straftäter und Tatverdächtige in den Massenmedien« (veröffentlich Baden-Baden, 1979). Ab 1971 Beiträge u.a. für die Frankfurter Allgemeine Zeitung, Süddeutsche Zeitung, Zeit, Spiegel und Theater heute, außerdem Radio- und Fernsehbeiträge und Autor eines Dokumentarfilms über George Tabori. Bis 1997 Mitherausgeber der Zeitschrift Theater heute, bis 2005 Feuilletonchef des Tagesspiegels. Seit 2007 ist er Honorarprofessor an der Universität der Künste Berlin. Autor der sechsteiligen Fernsehdokumentation »Das Jahrhundert des Theaters« in ZDF/3sat, zahlreiche literarische und essayistische Buchveröffentlichungen, zuletzt erschien der Roman »Céleste« im Hamburger Mare Verlag. Peter von Becker lebt mit seiner Familie in Berlin und ist der Urgroßneffe von Johanna und Eduard Arnhold.

Jüdische Miniaturen Band 117

Olaf Matthes

James Simon

Die Kunst des sinnvollen Gebens

ISBN 978-3-942271-35-6

EUR 8,90